多元视角下的大学英语教学研究

孙汝蕊／著

吉林出版集团股份有限公司
全国百佳图书出版单位

图书在版编目（CIP）数据

多元视角下的大学英语教学研究 / 孙汝蕊著. -- 长春 : 吉林出版集团股份有限公司, 2021.5

ISBN 978-7-5581-9996-7

Ⅰ. ①多… Ⅱ. ①孙… Ⅲ. ①英语—教学研究—高等学校 Ⅳ. ①H319.3

中国版本图书馆CIP数据核字(2021)第149542号

DUOYUAN SHIJIAO XIA DE DAXUE YINGYU JIAOXUE YANJIU

多元视角下的大学英语教学研究

著　　者	孙汝蕊	责任编辑	刘晓敏
出版策划	孙　昶	封面设计	雅硕图文

出　　版	吉林出版集团股份有限公司 （长春市福祉大路5788号，邮政编码：130118）
发　　行	吉林出版集团译文图书经营有限公司 （http：//shop34896900.taobao.com）
电　　话	总编办 0431-81629909　营销部 0431-81629880/81629881

印　　刷	长春市华远印务有限公司	开　　本	787mm × 1092mm　1/16
印　　张	12	字　　数	210千
版　　次	2022年6月第1版	印　　次	2022年6月第1次印刷
书　　号	ISBN 978-7-5581-9996-7	定　　价	68.00元

印装错误请与承印厂联系

目 录

第一章　当代中国大学英语教学模式

第一节　社会对大学英语教学模式的影响

一、多元文化的概念

所谓文化多元化就是指一个国家或一个民族在社会发展的过程中，在继承本民族的优秀文化基础上，兼收并蓄其他国家或民族的优秀文化，从而形成以本国或民族文化为主，外来文化为辅的百花齐放，百家争鸣的和谐社会氛围。用费孝通先生的话："各美其美，美人之美，美美与共，天下大同"，讲得更简单一点，也可以用《论语·子路》所载孔子的一句名言："和而不同"。

"多元文化"理论思想起源于近现代西方。在20世纪初期多元文化思想正式诞生在美国、加拿大，也被称为文化多样性。刚开始"多元文化"从整体的角度来看，即是种族、民族的差异，并逐渐融入个人价值观的规范和其他差异，并越来越多的和"文化"本身的含义相对应。也就是说，多元文化指的是人类群体之间价值规范、观念甚至行为上的差异。在20世纪50年代和60年代，多元文化得到了发展，尤其是西方民族文化多样性的提出，西方文化学者提倡关注弱势群体、尊重差异、追求民族文化多元性和社会和谐的理论。

"多元文化"简单地说，就是指生活在社会中的文化群体以平等和相互尊重为特征而创造出来的一种社会环境。但是在多元文化社会里，少数民族也有权自由地保留自己民族特有的语言以及文化传统，主张这些所谓的"亚文化"与主流文化和谐共存。

随着对多元文化的重视，文化多元主义作为一种文化理论，可分为古典文化多元和现代文化多元主义。前者要容忍、尊重不同的文化，对不同的文化要努力维持并保持不干预的态度；后者在承认文化之间的相互依存的同时，呼吁在共同利益的基础上开展合作，以实现一个群体无法实现的目标，在这一过程中，群体将加强其相互依存关系。这是多元文化主义的起源。

我国是一个有着五千多年历史的文明古国，从诞生之初就是一个多民族，文化多样化的国家。中国文明起源地区的生态环境的多样化，创造了文明起源的多元性；一体化后又长期地保留了当地方言文化的多样性，为文明的核心提供了稳定的营养物质流，从文化、政治、宗教、思想和哲学等方面维护了中国文明经久不衰的生命力，这方面是埃及、两河甚至印度都缺乏的资源，这也正是中国文明唯一一个从诞生之日至今从未被打断的文明成功的秘诀。

中国的文明起源模式是多元一体化的蛛网辐射模式，从其起源到形成，始终带有集权色彩，完全不同于市民做主的“原始民主制”城邦制度体系。随着龙山时代尧、舜、禹酋邦，在黄河从黄土高原向华北大平原跌落的出口上稳稳地站住脚跟后，黄河在此无法随意摆动又给黄河中游带来可预见性和丰富的水利。这是文明起源的中心之一，选择了一条可持续发展的道路，取得了稳步前进。而长江中游石家河文化、下游良渚文化和早先的辽河流域红山文化，由于选择了不可持续的发展道路，先后崩溃或没有取得任何进展，最终导致了以黄河中游地区的繁荣局面的形成。中国文明整合的进程正式启动，中国文明蛛网式核心辐射型模式诞生。

文化哲学家赫尔德认为，文化是社会的产物，因此，社会的多样性决定了文化的多样性。法国比较文学专家达尼埃尔一亨利，巴柔教授认为，多元文化最初是在19世纪80年代，加拿大和澳大利亚为了避免英法等国家的移民和当地人民之间发生冲突所采取的一种政治策略。美国的“多元文化”则是在力图消除种族差异的政策失败之后所采取的一项新的政治策略，其目的就是承认社会中的“少数”文化。

多元文化注重文化平等。它允许文化差异，认为每一种文化都有权维护其独立性，并反对一元文化（以一种文化取代其他文化并代表之），而且反对某些文化的统治或霸权的方式对其他文化的优点的判断。多元文化认为，主要是由于不同群体在政治和经济中的不平等权利造成了文化的不平等；要实现文化平等，就必须改变现有的不合理的政治经济结构和权力资源分配机制。在西方国家，多元文化是与主体文化相对而言的，多元文化的本质是主体社会如何对待和整合弱势文化、消除社会矛盾、形成多种文化并存的和谐社会。在美国、加拿大、澳大利亚等国，多元文化主义认为，传统的政治理论忽视了不同民族群体对政治经济和文化的特殊要求，忽视保护弱势文化群体享有的生存和发展权，使他们不能充分享有民主、自由和平等。

二、多元文化的特点

21世纪是一个经济全球化、文化多元化的时代。高速发展的信息技术突破地理天堑，极大地改变了国家与地区间的沟通交流状态。当国家和地区之间在科学、技术、经济、贸易上的合作日趋紧密的同时，文化保守主义的浪潮却在各大文明间悄然兴起，这种现象被称为“新保守主义”。更有学者提出，在21世纪“文明的冲突”将是国家间冲突的主要表现形式。在这一时代背景下，在一定程度上，每个人都是“世界公民”，人们的生活无时无刻不处于欧美商品、好莱坞大片、日韩偶像及蜂拥而至的外来思潮和悄然崛起的本土文化的冲击之下，在传统与现代、本土与外来文化之间如何把握，是许多人的共同困惑。从某种意义上讲，今天的人们不用再走出国门便可感受到文化冲击，因此，多元文化素养和交流的能力显得格外重要。

（一）国外多元文化的特点

1.多元文化价值的异质性和多元性。

首先，社会生活的本土性导致了文化的多样性。马克思恩格斯在《德意志意识形态》中指出：是人们的生活决定意识，而不是意识决定生活。多元文化源于生活实践的地域本土性，不同地域的人由于自然环境、社会组织、生活方式、风俗习惯、信仰等的不同，形成了不同民族、不同群体、不同阶级、不同阶层的各自不同的文化，导致了文化的多样性。第二，文化及其所含价值的专属性导致了文化的多样性和异质性。文化是一个社会组群、团体、群体所共同具有的价值观、信仰和意义体系，价值观是文化的核心要素。由于价值是主体性现象，归某一群体、阶级、阶层所专有，作为价值判断、价值取向、价值评价标准体系的价值观也具有了专属性。各种文化之所以相互区别，是由于各种文化都有自己专有的价值和价值观，这就是文化的质。文化之所以是多元的，就是由于文化之间的异质性。第三，文化的历史性也导致了文化的多元性。

马克思主义认为，社会生活在本质上是实践的。实践具有社会历史性的特征，不同时期的社会生活实践产生出了不同文化价值，这种不同的文化及其内含着的价值观念，作为一种意识形式，具有相对独立性，并非完全随着社会形态的跃迁而亦步亦趋。在同一社会形态中或在同一历史时期，会同时存在着多种文化形态。尤其在社会转型期，不同的利益集团或群体，各自都有自己的价值判断和价值诉求。各种价值交错并呈现出流动性，将传统打散，将保守击溃。人们的思想与各种动态着的价值相碰撞，期间价值趋向一致或近乎一致的个体逐步走近，而形成诸多的价值共同体。拥有这些共同价值的人们，对事物和社会现象采取共同的态度、形成了自己的生活观念和生活方式，他们就造就了自己的文化。有诸多的价值共同体，就有诸多的文化表现，各种文化呈现出来，丰富多样，即形成了多元文化价值的态势。

2.一元主导多元碰撞、冲突并互相融合。

文化价值的多元性应该以兼容并包的态度承认多种文化的共存，并且在相互对话与交流中不断发展。多元文化之间不是一种完全天然对立的关系，例如，个人主义与集体主义就不应该是敌对关系，而是一种互补关系。文化价值的异质性，又使得多元文化的价值取向不可能达成完全一致，有时会发生冲突。但是，没有这种冲突，就没有它们之间的互补、融合与发展。不能单纯以对立思维来审视多元文化价值的客观性事实，还应该以同一的思维来认可多元文化价值并存的合理性。同一并非大一统，唯我独尊，排除异己，而是要照顾到各自存在的合理性，在此基础上达到一种融合，在核心文化价值中保留价值的参与、对话和互补。

世界本来就是一个五彩纷呈的绚烂花园，是一个多元文化价值的对立统一王国。多元文化价值的存在，意味着既不是一种文化价值吃掉另一种文化价值，否则就是文化独裁，是一种文化霸权主义；也不是失去主导文化价值的多元文化，否则就是文化价值相对主义。文化霸权主义唯我独尊、排除异己，实际上窒息了自己的生命力。任何一种文化价值，都应该有着开放与包容的心态，在多元文化价值中汲取自己的营养，壮大发展自己。

3.多元文化是世界文化发展的必然趋势。

多元文化是历史的潮流，是信息科技进步的必然结果。现代信息技术的飞速发展，加快了信息和观念的交流与传播。同时，经济全球化加速推进了国际间的社会经济交往，也促进了文化的跨国流动。这种带有各国或各民族特色的文化，既相并存，又各自呈现不同国家、不同民族的价值观和生活诉求，形成了多元文化价值的历史发展趋势。

（二）我国多元文化的特点

我国文化领域正处在思想大活跃、观念大碰撞、文化大交融的时代，先进文化与落后文化、健康文化与腐朽文化同时并存，它是我国多种经济形势并存、社会结构、就业方式、生活方式和社会交往方式日渐多元化的必然结果，是我国多党合作的政党政治、社会阶层变化、人们现实思想文化水准差异的必然结果。当前“一元主导、多元并存”是中国多元文化的显著特点。

1.一元主导性

以马克思主义为指导的社会主义主流文化，在当代中国的文化领域中居于核心地位，起着主导作用。这是由我国的社会主义本质所决定的：以公有制为主体、多种所有制经济共同发展的基本经济制度是社会主义文化议员地位的经济基础：同时，一元主导的社会主义文化形态，是动员、召唤和聚集民族凝聚力、向心力、战斗力，增强民族自信心与自豪感的精神支柱：是在全球化背景与国际格局中维护我国社会主义文化安全和衡量国家综合国力的重要尺度之一。同时，我国的主流文化是在马克思主义指导下，总结中国革命和建设的经验教训，并吸收中国传统思想文化资源、有机借鉴外来文化和大众文化而建立起来的先进文化。我国发展建设历史证明，只有居于核心地位的主流文化才能引领、推动多元文化健康发展。

2.多元复杂性

当代中国文化的多元性特征及其发展格局是非常显著且纷繁复杂的，具体表现在：

第一，中国传统文化与西方外来文化同时共存.伴随着改革开放，大量异彩纷呈的西方外来文化传入我国，它们与几千年中国传统文化形成了鲜明对比和表现了强烈张力。

第二，农业文化、工业文化、现代文化和后现代文化同潮共涌。一般来说，西方发达国家依次经历了农业、工业、现代、后现代的发展历程。由于中国的特殊历史条件，农业文化、工业文化、现代文化和后现代文化同时共存于当前我国文化领域。

第三，主流文化与非主流文化、传统文化与外来文化、大众文化与精英文化、流行文化与网络文化同时并存。多元文化之间既平等竞争和自由发展又是互相协调、互相借鉴，它们有着极强的互补性，共同促进我国文化的繁荣发展。

第四，民族文化异彩纷呈。多元一体的民族文化，在以汉文化为主体，不断融合各民族的文化基础上逐渐丰富、发展，我国各族人民通过自己勤劳和智慧不断创造了丰富多彩的民族文化。涉及包括饮食、衣着、住宅和生产工具在内的物质文化以及包括语言、文字、文学、科学、艺术、哲学、宗教、风俗、节日和传统在内的精神文化。

3.包容多样性

《中共中央关于构建社会主义和谐社会若干重大问题的决定》明确提出“坚持以社会主义核心价值体系引领社会思潮，尊重差异，包容多样，最大限度地形成社会思想共识这是我们党面对多样化的思想文化的一个基本原则，也是思想观念上的一个很大的突破。表明我们党在思想文化建设上认识更加自觉，胸怀更加博大，境界更加高远。

“海纳百川，有容乃大”善于包容，是先进文化的特质，也是先进文化发挥主导作用、走向兴旺发达的必由之路.“尊重差异”并不是倡导文化相对主义或多元文化主义，“包容多样”也不意味着容忍、放纵任何不利于主流文化建设的因素。“尊重差异，包容多样”应在文化建设中坚持马克思主义的指导地位与实行“百花齐放、百家争鸣”的方针有机结合。实践证明，主流引领、尊重差异、包容多样的文化方针，符合我国的国情，极大的促进了我国文化和社会的和谐发展。

4.互渗互补性

当前我国的文化格局，自20世纪90年代起就已渐渐地形成了多元互渗的态势，这就是主流文化、传统文化、精英文化、大众文化和外来文化的多元共存和异质融合，它们并非相互割裂，不相往来，而是你中有我，我中有你，自觉不自觉地进行了多种层次的互渗，形成复杂多姿的文化景观。在这种文化语境里，任何一种文化实践都不可能画地为牢，自我孤立。我们看到的情形是大众文化异军突起，四处拓殖，所到之处，都打上了它的俗艳的色彩，牢牢地攫住了大众的审美视听。同时，精英文化、主流文化、甚至还有传统文化、外来文化也都不甘心主动放弃，而是审时度势，与时偕行，一方面维护自己的固有尊严，一方面也悄悄地与各种文化互融互补，这就有了主流文化与非主流文化的互渗。大众文化与精英文化的互渗以及传统文化与外来文化的互渗。文化本身要取得生存和发展，必然要具备开放的机制，在与不同的文化交流中博采众长，扬长补短，提高其竞争力，充实新的时代内容。其主要表现为平等竞争与和谐发展，它们相互作用、共同促进当代中国文化的繁荣和发展。

5.冲突整合性

在科技发展的今天，人们的交往逐渐频繁，进一步增强了多元文化之间的“碰撞冲突”。各个国家、地区和民族的文化，存在着不同的价值目标与取向，它们在传播、接触的过程中不断地相互借鉴与吸收彼此的长处，促进了文化的发展，使得我们生活的世界异彩纷呈。正如英国哲学家罗素（BertrandRusseau，1872—1970〉所言：“不同文化之间的交流过去已被多次证明是人类文明发展的里程碑。希腊学习埃及，罗马借鉴希腊，阿拉伯参照罗马帝国，中世纪的欧洲又蕈仿了阿拉伯，文艺复兴时期的欧洲仿效拜占庭帝国。”中华文化，是五十六个民族共同创造的文化综合体，它能不断吸收、融合各种外来文化，使自身得以发展。这也正是它历经五千年而生生不息、绵延不断的重要原因。

一般而言，在不同文化的交流中，同质的或相近的文化能很好地相互交融，而在异质文化之间，浅层次的技物层面也能取长补短、相互学习和融通，但深层次的信仰、习俗、社会心理、思维方式和价值观念等则很难相容，甚至相互对立。由于不同文化之间的交流，实质上也是不同文化相互争夺受众和自己发展空间的过程，因而，碰撞和冲突总是异质文化之间交流的主要形式，有的时候这种冲突甚至还会十分激烈。相对于同质文化的融合来讲，异质文化之间的冲突更能够增添文化的发展动力.同质文化的交流只能丰富了文化的形式，不会带来质的变化，而异质文化的冲突在丰富文化形式的同时还会引发不 同民族的传统、习俗、社会心理、思维方式和价值观念的深刻变迁，使冲突各方的文化向新的、更高的阶段发展。也就是说，异质文化的冲突所引发的争鸣和交锋更能刺激一种文化固有的顽强生命力，更能诱发思维模式和价值观念的创新，使冲突各方的文化不断发展与完善，或是落后文化被强势的先进文化完全同化。因而，文化之间的碰撞与整合是多元文化发展的源泉和动力。

多元文化呈现出以社会主义核心价值体系为统领的主流文化不断丰富发展、主流文化积极引领与多元文化交流碰撞促进和谐文化的建设、多元文化交流发展促进中国文化的大繁荣大发展的发展现状，面对着一系列的挑战，如多元文化冲突弱化了主流文化的社会认同，外来文化渗透使我国主流文化影响淡化，大众文化盛行削弱了主流文化的地位，传统文化中消极成份阻碍主流文化的快速发展，网络文化的异军突起对主流文化的冲击等等。同时多元文化又表现出一元主导性、互渗互补性、冲突整合性等特点。

面对新形势、新任务、新要求，加强多元文化研究，正确处理“一元主导”与“多元并存”的关系，突出社会主义核心价值体系在文化建设中的功能与作用，运用社会主义核心价值体系的精神，引领多元文化建设，对全面建设小康社会和构建社会主义和谐社会具有重要的理论和现实意义。

三、我国的多元文化发展历程

我国是一个有着五千多年历史的文明古国，从诞生之初就是一个多民族，文化多样化的国家。 中国的文明起源模式是多元一体化的蛛网辐射模式，从其起源到形成，始终带有集权色彩，完全不同于市民做主的“原始民主制”城邦制度体系。中国文明起源地区的生态环境的多样化，创造了文明起源的多元性；一体化后又长期地保留了当地方言文化的多样性，为文明的核心提供了稳定的营养物质流，从文化、政治、宗教、思想和哲学等方面维护了中国文明经久不衰的生命力，这方面是埃及、两河甚至印度都缺乏的资源，这也正是中国文明唯一一个从诞生之日至今从未被打断的文明成功的秘诀。

随着龙山时代尧、舜、禹酋邦，在黄河从黄土高原向华北大平原跌落的出口上稳稳地站住脚跟后，黄河在此无法随意摆动又给黄河中游带来可预见性和丰富的水利。这是文明起源的中心之一，选择了一条可持续发展的道路，取得了稳步前进。而长江中游石家河文化、下游良渚文化和早先的辽河流域红山文化，由于选择了不可持续的发展道路，先后崩溃或没有取得任何进展，最终导致了以黄河中游地区的繁荣局面的形成。中国文明整合的进程正式启动，中国文明蛛网式核心辐射型模式诞生。

要真正实现"文化多元化"，或者更确切一点说，在何种意义上实现"文化多元"，我们还有很长一段路程要走，这要取决于全球化的实际进程以及发展方向。全球化带来的影响无疑是巨大的、多方面的。美国学者J·希利斯·米勒在京所作的题为《论全球化对文学研究的影响》的学术报告中，曾谈到其中的三个重要影响：第一个是"自18世纪以来作为政治与社会组织的统治形式的单一民族国家完整性与权力的下降。新的科学技术的发展已经使得商业全球化，因此，作为传统的经济组织所在地的单一民族国家在逐渐失势"；"全球化的第二个影响是它带来了许多新型的、建设性的、具有潜在影响力的社会组织以及新的团体"；第三个影响是对人自身的影响，他援引W·本杰明的话说，"新的技术、新的生产方式与消费方式这些19世纪工业化带来的变化，使人类产生了一种完全不同于过去的、全新的感性，随之而来的是在世界范围内的一种新的生活方式"。如果用我们自己的话概括一点地讲，这三个影响分别对应着政治、经济和文化三个层次。全球化当然首先会对国家的政治权力产生制约，会实现"无限政府"向"有限政府"的过渡。随之而来的则是政府让渡出来的直接管理经济的权力，将越来越被跨国性经济组织所接替，例如在这次亚洲金融危机中，世界银行、世界货币基金组织所发挥的作用及产生的影响，可以明显地说明这一点。全球化对人自身的影响涉及到文化问题，因为无论什么样的文化，都无不以对人的关怀为自己的主要职责。随着信息化时代的来临，新的通信交通工具、新的娱乐方式、特别是国际互联网，对人的生活方式的改变将越来越明显，对人的主观感受也将会产生越来越大的影响。“总而言之，民族国家的衰落；新的电子通信的发展、超空间的团体；可能产生的人类的新的感性、导致感性体验变异、产生新型的超时空的人”，这都是全球化所带来的结果。我们需要考察全球化带给人自身的另外一个结果，即全球化带给人们的认同危机。的确，全球化不仅使人的感性体验方式发生极大的变异，而且还随之带来了人的认同危机，这种认同危机曾发生在工业化之后，大工业化生产产生了人的异化，而信息时代所产生的人的孤独感一点也不比过去减少，甚至有加大的趋势。虽然人们可以通过打电话、看电视、在电脑互联网上搜索来建立与他人更广泛、更直接的联系，但毫无疑问，靠这种方式所建立起来的联系都无不带有一种欺骗性、虚假性，人们得到的是一大堆言语的、听觉的、视觉的现实幻影，而失去的则是作为感性与理性统一体的自我的真实体验。缺失就是需要，在这种情况下，人们自然会向往一片纯净的私人空间，自然会追寻那个安适的精神家园。近代诗哲们追问的问题是“我们是谁？”而人们可能会对“我们属于谁”这样的问题更加敏感。因此，全球化不仅带来了私人空间、精神家园的丧失，而且也产生了对私人空间、精神家园的迫切需要。这样，人们对自己民族的传统文化的认同便是非常自然的事情了。正像亨廷顿在《文明的冲突与世界秩序的重建》中所说的那样：“文明是最大的‘我们’，在其中我们在文化上感到安适，因为它使我们区别于所有在它之外的‘各种他们’。”文化多元化的可能性与合理性，正是基于全球化所带来的人的一种精神缺失以及由此产生的需要，正是根置于全球一体化这一现实土壤之中。

文化多元化的含义也是多层次的。它不仅仅是指在全球范围内不同民族文化的共存共荣，而且它也意味着在某一单一民族国家中的传统文化对其他民族文化的宽容以及必要时的吸收，最重要的是，文化多元化还是一种新思维，它要求人们从传统的一元式思想方法转变到多元式思想方法，从绝对论转变到相对论。要谈文化多元化，自然逃不过“文化是什么”这个头疼的老问题。迄今为止，有关文化的定义已经超过150种，在将来，数量肯定还会增加。之所以会产生这种情况，是与文化这个概念的多义性有关的；而文化概念的多义性又最有可能与文化本身的多层次性有关，人们很可能分别从不同的层面上来界说文化，这也是很正常的。我们不能接受的是那种无所不包、无限泛化的文化概念，因为这是没有意义的。在这个前提下，我们认可文化整体性概念，即将文化看成是一个整体性结构，同时我们还要注意，在这个整体性结构中，一定存在着深层结构与表层结构的区别。构成文化核心的深层结构是那些在全球性范围内将不同民族文化加以区别的文化的根本性特质，这就是本尼迪克特在《文化模式》中所说的："文化是通过某个民族的活动而表现出来的一种思维和行为模式，一种使该民族不同于其他民族的模式"。如果是从这个方面来看待文化的根本性问题的话，那些诸如饮食文化、服饰文化、居住文化等等自然会被排斥在文化核心之外。在我们看来，即使真有那么一天，人们吃同样的饭、穿同样的衣服、住同样的房子，也不会使文化导向单一的一种。正像一首被广大华人所传唱的歌所说的那样："洋装虽然穿在身，我心依然是中国心"，我们在这里所说的文化核心、文化的深层结构是流淌在每个民族的心灵中、体现着不同民族特征的东西，它既是一种思维和行为模式，同时它还包括民族信仰和价值趋向等；而语言、艺术、宗教、哲学等则是它主要的客观性载体。作为深层结构的核心文化也不同于那种在政治、经济基础之上的、属于上层建筑的文化的概念。这种文化概念，其实质是一种意识形态，它必须与政治、经济的发展相适应，并由此产生了不同时代的文化形态，诸如封建文化、资本主义文化、社会主义文化等。在我们看来，这些文化形态只是文化结构的表层，而在这背后，还隐藏着更深层的东西，它们是封建主义时代的文化、资本主义时代的文化、社会主义时代的文化。个人主义可能是资本主义文化，而巴尔扎克的《人间喜剧》则是资本主义时代的文化。对于前者而言，它与政治、经济体制密不可分，对于后者而言，它却具有一种永恒的价值，这种价值并不会随社会体制的改变而改变。赛义德认为，文化首先"意味着那些所有的惯例，诸如艺术的描写、传达和再现等，它相对独立于经济、社会和政治领域，常常存在于审美形式之中，其中一个原则性目标是追求快乐"。

作为"相对独立于政治、社会和政治领域"的文化，虽然也会受到意识形态的影响，但它同意识形态的关系绝不是线型决定论式的关系，它还具有着一些超意识形态的特质。一位中国的马克思主义者会致力于反对封建主义、资本主义制度，但这决不会妨碍他对中国传统文化的认同，而对传统文化的认同也决不意味着它对传统的生产方式、社会制度的拥护。假如我们将这两种文化都看成是构成文化整体的东西，我们也应该看到二者在文化整体结构中的地位与作用也是不一样的。与意识形态紧密相连的体制文化构成为文化结构的表层，而体现着民族特性的文化则居于文化结构的核心（深层）。当社会的政治经济发生变革的时候，首当其冲的是引发文化表层结构的变化，并在核心周围构成一道保护地带，这个保护地带起着将冲击力引向自身的作用，保护着文化的价值核心不受到摧毁。只有在一个民族的价值信仰以及思维、行为模式彻底发生变异的情况下，也就是这个民族的文化价值核心也遭到破坏的时候，我们才可以说，这个民族的文化传统彻底断裂了，消亡了。正是基于文化深层结构的稳定性，它才在全球性范围内为文化的多元化提供了可能性。当然，在不同的时代，文化核心、文化的深层结构会面临不同的挑战以及作出对挑战的积极回应，但所有这一切，都应该建立在保持本民族文化特色的基础之上，在此基础上，在保证本民族文化核心延续的前提下，可以无顾虑地吸收与融合来自异质文化的对本民族的整体性文化发展有益的东西，从而实现在单一民族国家中文化的多元化。或者还可以走得更远些，在保证本民族文化主导性地位的前提下，对于异质文化、他者文化的核心价值在本民族国家的存在也保持一种宽容的态度，只要它不构成对本民族文化核心价值的侵害。而要做到所有这一切，显然都有赖于一种多元化的思想方法。

不可否认，中国自1840年鸦片战争之后，的确开始被迫走上了西方化的进程。与此同时，许多有识之士也已认识到，中国要自强、自立，除了“师夷长技以制夷”之外，别无其他法门。梁启超在《五十年中国进化概论》一文中说：“近五十年来，中国人渐渐知道自己的不足了。这点子觉悟，一面算是学问进步 的原因，一面也是学问进步的结果。第一期，先从器物上感觉不足。这种感觉，从片战争后渐渐发动，……觉得有舍己从人的必要，于是福建船政学堂、上海制造局等等渐次设立起来。……第二期，是从制度上感觉不足，……所以拿‘变法唯新’做一面大旗，在社会上开始运动。……第三期，便是从文化根本上感觉不足。第二经历的时间比较的很长，从甲午战役到民国六、七年间止。……这二十年间，都觉得把人家的组织形式，一件件搬进来，以为但能够这样，万事都有办法了。革命成功将近二十年，所希望的件件落空，渐渐有点废然思返。觉得社会文化是整套的，要拿旧心理运用新制度，决计不可能，渐渐要求全人格的觉悟。……所以最近两三年间，算是划出一个新时期来了。”梁启超在此所说的中国在向西方学习的过程中经历的三个阶段：经济、政治和文化，分别与中国近代以来的洋务运动、戊戌变法（包括辛亥革命）和五四新文化运动相对应。这形成为近代中国社会发展的一个循环圈。值得注意的是，尽管五四新文化运动对中国的传统文化的冲击是巨大的，但也不能由此简单地得出结论说，中国的传统文化在五四已彻底断裂了。林毓生在《五四式反传统思想与中国意识的危机》一文中，曾就五四与传统的辩证关系发表过很好的意见，他用思想“内容”和思想“模式”两个不同的概念分别指称五四对传统的批判性和继承性。也就是说，五四的反传统是在“思想内容”这一层面上进行的，而在“思想模式”这一层面上，五四却继承了中国的传统。这种在“思想模式”上的继承性，主要表现在以下两点：一是中国传统中的“实践理性”仍被五四代表人物所继承。这种“实践理性”也就是林毓生所说的“真实（reality）的超越性与内涵性具有有机的关连”，也就是说，中国传统并不追求超越现象的本质真实，而是在现象中追求本质，在现实的人生中内涵着超越的意义，所以不关心身后之事。这也就是孔子所说的“未知生，焉知死”的深刻含义。二是五四精神中蕴涵着一种中国知识分子特有的入世使命感，这种使命感是直接上承儒家思想所呈现的“先天下之忧而忧，后天下之乐而乐”与“家事、国事、天下事、事事关心”的精神的，它与旧俄沙皇时代的读书人与国家权威与制度发生深切“疏离感”，因而产生的知识分子激进精神，以及与西方社会以“政教分离”为背景而发展出来的近代知识分子的风格，是有本质区别的(9)。由此看来，向西方学习，并不一定会带来中国文化传统的断裂，这是我们在考察了中国近代社会 发展在经历了经济、政治与文化的西方化循环之后得出的一个基本结论。

在进入改革开放的新时期之后，我们也似乎正在重复着这个循环。不过顺序有所变化，经济体制的改革与接受西方文化几乎是同步进行的，而政治层面的改革则显得稍微滞后。我在此所说的政治层面的改革当然不是指政治制度的改变，而主要是指管理制度的改革。对于大多数中国老百姓来说，他们最关心的是如何摆脱贫穷的问题。所以，现代化将来在很长一段时间内仍然是中国发展的目标。从现实的要求出发，经济改革要进行得顺利一些，管理体制改革已迫在眉睫。相应的，人们的一些法制观念、公民意识、财产权、工作的敬业精神等具有现代性特征的意识形态的东西也理应得到加强和改善。如果传统文化没有给我们提供这种东西，向西方学习便是必要的。这是否意味着我们要完全放弃我们自己的传统文化呢？决不是这个意思。我们不可能也没有必要放弃中国传统文化中被视为核心价值的东西。这又回到了那个老问题，即我们如何看待文化的问题。如果我们能够接受这样一种关于文化的定义，即把文化看成是一种思维与行为模式，看成是一种信仰和价值趋向，那么我们可能会对日益发展着的现代化的趋势宽容一些，可能会在某种程度上消除我们对于自己文化传统的焦虑。因为正像我们前面所说的，如果吸收和融合的是那些有利于我国经济发展、政治改善的属于西方体制文化层面的成分，这并不会导致我们自己的文化传统中核心价值的改变。而且处理得当的话，反而会加强对核心文化传统的认同。一个明显的实事是，极力宣扬中国文化价值的人常常是那些经历了西方文化熏陶的人，在西方文化背景下生活的国外华人比我们这些生活在国内的人更容易体验到对中国文化的需求。道理很简单，一种对自身文化的信念只有靠在与文化“他者”的对比中才更容易确立起来。

我们如何才能做到即使我们能够充分享受现代化带来的各种便利，又不致使我们丧失自己文化的认同，我想在这一问题上大家应该是有共识的。所以，我们既没有必要因担心中国传统的丧失而反对学习西方先进的技术及管理制度，也没有必要因为要进行现代化建设而去反对和放弃我们的文化传统。因为说到底，文化的根本问题与政治经济问题是本质不同的两种系统，两者不能用谁决定谁的单向思维来看待。我们尽可以参入全球一体化的进程，没有必要担心这会妨碍我们对中国传统文化的认同。思想应该统一，但是，思想的统一只是个方向，它和两平行线相交于无限远一样，是在有限时间内无法实现的东西。思想是文化的重要范畴，是文化中最活跃的部分，思想的多元化是文化多元化的核心。思想的多元化有的来自世界的一体化，有的来自现实的思维。前者属于历史的积沉，后者来自社会的现实发展。文化的发展是社会发展的重要组成部分。经济的落后会制约文化的发展，同样，文化的落后也会制约经济的发展。但是，也不排除文化的发展在某一方面脱离经济的制约超常发展的情况。如果这种超常的文化发展与具体的经济发展不相适应，那么，这种超常的文化发展同样也会制约经济的发展。所以，人类社会只有平衡发展才能持续稳定地发展。文化的多元化表现在文化的各个方面，但是，不管是文化的整体还是在文化的哪一个具体方面都不能过快走向单一化，都必须与其它方面的多元化相适应，更应该与经济的发展相适应。 联系区别，和而不同，和而为一，不同多面，多即是一，一即是多，多元一体，一体多面。多姿多彩和谐的一个世界。无量无边多元自由区别文化生命，平等联系，和谐共生一体即大自然法身。我们是一个多元生命和谐共生体，全宇宙尽虚空遍法界无量无边是一个自己即大自然法身（大我高我真我）。周恩来嘱咐：天地与我并生，万物与我为一，万物并育而不相害，道并行而不相悖，费孝通：和而不同，多元一体，各美其美，美人之美，美美与共，和谐世界，多即是一，一即是多，多元一体，一体多面。

四、多元文化实现的重要意义

多元文化是一个民族或国家的重要资源，它可以造福于子孙后代。在世界范围内，各民族各地区的传统文化多姿多彩，构成了独具魅力的人文风景。因此，文化多元化虽然在一定程度上给民族文化带来一定冲击，但总的来说，文化多元化有利于世界民族和文化的繁荣与发展。

第一，文化多元化有利于增强文化的生命力。文化多元化有利于世界民族和文化

的繁荣和发展。各民族各地区独特的传统文化构成了世界文化的多样性和独具魅力的人文风景。单一性的事物没有活力会导致生命力的减弱，文化多元化是文化创新和创造的源泉。一个社会中存在的文化因素越多，文化就

越丰富，就越能激发人们的灵感和创造力，越可能实现文化的创新和发明。古今中外，各种人文艺术和科学发展都是在不同文化的交流中，相互吸收其他文化的精华的基础上创造出来的。文化的多元化成就了当今丰富多彩的人类文化。事物相异相合、相辅相成，不同事物聚合在一起才能产生新事物，也就是说，多样性有利于事物取长补短，创新发展；单一性使事物没有活力，经常会导致生机窒息。文化多元化是文化创新和创造的源泉。文化创新或某种新文化的创造，在许多情况下是有赖于对不同文化元素的重新组合。一个社会已有的文化元素越多，文化多样性就越丰富，人们的选择就越多，就越能诱发人们的灵感和创造性，文化创新的可能性就越大，创造、发明就越是丰富，文化的生命力就越强。这完全适用于全人类文化发展的基本文化规律。中国文化也是在不断吸收外来文化的过程中得到丰富和发展的，如印度佛教传入中国，极大地促进了中国哲学、宗教、文学和艺术的发展，而印度佛教也在中国发扬光大。可以说，古今中外许多著名舞蹈、音乐、文学、绘画、工艺等都是在不同文化的交流中，在吸收其他民族文化精华的基础上创造出来的。没有文化的多元化发展，就不可能成就今天多姿多彩的人类文化。正如世界万物只有保持物种的多样性才能实现生态系统和物种的平衡，人类文化的健康发展也要实现多样化的文化存在和文化传统。每一种文化都是人类智慧的结晶，它所代表的智慧和经验都是其他文化所无法替代的，倘若某一落后文化的消失具有必然性，但当一批文化群落整体消失的话，就会使文化的生态平衡遭到破坏。只有保持文化的多元化才能使人类全体文化永续存在和保存。多元文化的存在可以抗拒文化霸权主义，避免某一国家或民族把本国或者本族的文化强加于其他国家，有利于克服文化一元化。

第二，多元文化的发展有利于实现文化的平衡和抗击文化霸权。文化多元化是维护文化生态平衡的需要。就像地球需要保持多种生物才能达到生物平衡一样，人类文化的正常发展也需要多样性的传统与智慧。人类每一种文化都是经历了几千年甚至上万年的积淀而发展起来的，它们的经验和智慧、它们的信息库藏都是其他的文化所无法替代的。每一种文化都是在与异质文化交流与接触，并对异质文化作出选择过程中发展的。在现代文明迅速席卷全球的今天，每时每刻都不知道有多少土生土长的传统文化在消失。一种落后的地方传统文化的消失，谁也不会注意，谁也不会感到惋惜，但当一批文化群落消失的时候，文化的生态平衡就会遭到破坏。我们现在面临的是自然生态破坏、自然资源减少的问题。①因此，保持文化的多元化才能避免文化走入“特质化”道路，“保持其他族群的生活方式与文化特性，就如保护濒临绝灭的稀有种属一样，是为了人类全体文化的永续存在而保存”。②文化多样性给文化进化提供了丰富的选择和更大的可能，而保护文化多样性是对文化差异性的尊重，是维护文化生态平衡的必要前提。

第二节 语言教育哲学的角度

文化多样性是当代世界和历史的客观事实，这样也势必造成教育为了适应文化的多样性而进行多元化变革。所以多元文化教育的出现与发展印证着新的世界格局之下人们对教育与多样文化关系的新认识。随着多元文化教育范围的进一步扩大，多元文化教育内涵的日益丰富，当前的多元文化教育呈现出了许多新的培养目标。

一、多元文化教育的概念

多元文化教育就是以尊重不同文化为出发点，在各集团平等的基础上，为促进不同文化集团间的相互理解，有目的、有计划地实施的一种共同平等的教育。是为在多民族的多种文化共存的国家社会背景下，允许和保障各民族的文化共同平等发展，以丰富整个国家文化的教育，它包括教育理念、教育政策以及教育实践等方面内容。多元文教育是二十世纪六七十年代西方国家民族复兴运动的产物，是多元 文化社会中不同群体之间为维护自身利益而引发的冲突和妥协的结果，客观上科学技术的进步和社会经济的不断发展为人们进行多元文化 交流提供了便利的条件。关于多元文化教育的含义，中西方学者们从不同的学科领域和角度进行了阐释，

到20世纪90年代，这一理解逐渐一致：多元文化教育应使所有学生，不论性别、种族、宗教、语言的差别，认识和理解社会中的各种文化必须帮助

学生获得在国家主流文化中生存所需要的知识、技能和态度；同时也要有助于学生发展在本民族亚文化和其他少数民族亚文化中生存所需要的能力。通过对当前和相关文献的全面综述，笔者试图说明并分析对多元文化教育的理解和应用，并为教育工作者和决策者提供建议。

多元文化教育是一种跨越文化边界的教育，反映了人们对社会文化变迁与教育发展轨迹的深刻认识与把握，反映了人们对教育所寄予的促进人类朝着和平、自由和社会正义迈进的美好愿望，是国际教育变革的重要走向。在当今全球化背景下，多元文化教育不断朝着多元、理解、开放的方向发展。

当今世界，随着经济、技术、商业等方面的发展以及交通、交流工具的现代化，人类活动范围逐渐扩大，人类社会由封闭、半封闭与隔阂的状态转变为半开放、开放与相互交往的状态，社会经济由地方性、自给自足向全球化、多元化转变。历史的进程要求过去的文化孤岛被文化多元所替代，文化的排他性被文化的包容性所替代。不同人类群体间的交流也越来越频繁、密切，文化间关系由相互疏远到相互接近、由相互孤立到相互依赖。

在人类社会越来越复杂化，信息流通越来发达的情况下，文化的更新转型也日益加快，各种文化的发展均面临着不同的机遇和挑战，新的文化也将层出不穷。在现代复杂的社会结构下，必然需求各种不同的文化服务于社会的发展，这些文化服务于社会的发展，就造就了世界文化的多元化，也就是复杂社会背景下的多元文化。多元文化主义的提出无疑具有积极的、进步的意义。多元文化主义的争论也显示社会本身的进步，体现了各种族融合的成功。

世界多元文化所产生的"波及"效应，推动着当今世界其他领域的多元化发展.教育多元化就是这种境遇下的一种应对行动，教育不可能置身于思想和行动的新潮流之外，它在更新价值观念方面大有可为，人们期望教育不仅能满足人与社会的基本要求，而且还希望它也能面对世界的重大问题。

多元文化教育体现了这样一种思想，即所有学生，不管他们来自何种社会阶层、性别、种族，都应该在学校享有平等的学习机会，其基本理念可归纳为：

（一）尊重文化的多元与平等

文化是在对人性、事物、自然、社会等规律及应对办法的探索中概括和总结出来的思想。由于不同的地理环境、思维习惯、时代背景、观察角度，就产生了不同的文化类型。从这个观点来看，文化只有类型的差异，没有高低的分别。推行单一文化和自称代表进步与文明的文化霸权主义都会破坏自由、民主和全球安全。多元文化教育观认为，各民族文化都是人类的财富，具有重要的教育价值。承认文化之间的平等性，不仅要从思想上充分认识不同文化都具有其自身的特色，更要从教育内容、教育最终结果上保证教育对文化的保存和传递。只有承认文化之间只存在差异而不存在先进与否，才能使一种文化得以保存并不断传递下去。因此，在英语课程设计上，多元文化英语课程应打破主流文化为中心的藩篱，在强调主流文化的同时，给予少数民族文化相同的地位与空间。

（二）强调文化的整合互动与创生

多元文化教育“不能是各种文化简单加在一起的结果。因此，多元文化教育需要接触、相互作用和相互渗透。”多元文化应实现多文化之间有效的对话、沟通和整合，以宽广的视野关注和整合各民族文化的精华，容纳区域内文化和文化间的理解与和谐，并以开放的态度反映文化全球化的趋势和要求。在培养学生民族自尊心和自豪感的同时，促使学生对不同民族文化的认同和接纳。透过文化间的相互理解，促进整体的和谐发展。当然，多元文化教育不是一个静止的对文化复制，而是一个动态生成、文化创新的过程，强调在民族交流中实现文化创新。多元文化教育不仅是文化传承的载体，其本身就是一种新的英语课程文化，即在对多元文化进行反思批判的基础上，构建 生成的创新英语课程文化。

（三）追求全纳教育的公平与正义

全纳与多元文化教育的重要理念都是要改变弱势群体的受教育机会，追求全社会教育权利和机会的均等，要求人们不受政治、经济、社会地位和民族、种族、信仰及性别差异的限制，都享有同等受教育的权利。它既是实现教育民主化的前提，又是教育民主化的重要内容。在承认文化平等的基础上，尊重、鼓励不同文化的发展，让学生能在学校中有权利和机会学习到不同文化，体现教育的公平与正义。多元文化教育对社会公平与正义的追求就是通过承认文化的多元平等，传播公平正义的对待不同种族、性别、阶层和国家的价值与理念，培养具有多元文化理念的学生而不断实现的。

（四）提倡个性化教育

我国是一个多民族国家，学生的文化背景差异是不可忽视的客观事实。从教育公平角度看，这种差异不应该成为学生学习的障碍。多元文化教育充分尊重学生的这种差异性，从学生的不同文化背景角度，考虑个人的生理、心理、年龄特点，考虑个人的天赋、特长、兴趣、爱好，考虑个人的社会志向和职业选择，尊重人和人的个性，突出学生在整个教育过程中的主体地位，培养学生的主体意识和主体能力。提倡发挥学生的学习积极性，重视学生个性的和谐发展，唤起学生的求知欲和对个人全面发展的追求。同时，引导学生独立思考，主动获取信息，实现知识、能力和人格的协同发展。这种理念体现在英语课程上就是要通过多元文化英语课程的建构来适应不同文化背景学生的学习需要，为他们创造平等的学习和发展机会。

多元文化教育的提出转变了传统民族教育的知识观、教育观和社会观，促进了新型教育思想体系的形成。所以，学校系统引入多元文化教育就是要让来自不同民族的学生在学习国家主流文化的同时认识和理解社会中的其他文化，包括学生自身所属的文化等。

二、多元文化教育的起源

多元文化教育起源于20世纪60年代美国的民权运动。当时的民权运动对教育产生了巨大的影响，经过近40年的发展，多元文化教育的理论和实践日趋成熟，现已成为世界民族教育的一种潮流。目前，多元文化教育的研究引起了世界各国研究者的注意，他们从不同角度，用不同的方式对多元文化教育做出解读。

美国多元文化教育专家詹姆斯. A. 班克斯（James A Banks）在其教育论著中对多元文化教育的界定为："多元文化教育包括三个方面的事情：一种思想或概念，说明所有学生，不管他们属于什么群体，应该在学校里体验到教育平等的思想；一场教育改革运动，它规划并引起学校的改革，以保证少数民族学生取得成功的平等机会；一个持续的教育过程，说明它努力去实现的理想目标——例如教育平等和废除所有形式的歧视——在人类社会中短期不能完全取得，需要一个过程。”

著名的多元文化教育家班克斯（Banks）认为，多元文化教育的一个重要任务就是对学校工作做出重大改革，使来自不同种族的学生都能平等地获得在学业上取得成功的机会，提高不同性别、不同民族和不同文化群体的学生以及一些特殊学生的教育素质。他认为，多元文化教育是一个意义广泛的概念，应包括民族研究、多民族教育、反种族教育、妇女教育、残障人士教育等。

盖伊（Gay）和莱德森-比林斯（Ladson- Billings）将多元文化教育定义为“在培训教师的帮助下运用文化适应性教学法（culturally responsive pedagogy）”。涅托（Nieto）将多元文化教育定义为“反种族主义教育”，这是“一个对所有学生都很重要的过程”。杰伊（Jay）和琼斯（Jones）认为，多元文化教育是“用来描述多元主义教育的共同术语”“倡导所有儿童都接受从学前到大学的教育”。美国国家多元文化教育协会（NAME）将多元文化教育描述为“建立在自由、公正、平等、公平和人类尊严基础上的哲学概念，已得到许多文件的认同，如《美国独立宣言》《南非宪法》《美国宪法》以及联合国通过的《世界人权宣言》”。卡恩（Kahn）认为，多元文化教育是“一个过程、一个理念、一个概念，它是动态的、多方面的、有争议的”。

近年来，少数民族学生的学习引起了越来越多的关注，吉布森（Gibson）开展的调查概括出了探索文化和教育的5种模式。第一，促进多元文化理解的多元文化教育使学生明白文化是有差异的，教学设计应该明确强调尊重彼此不同的文化。第二，文化适应性教育大多是针对K-12教育阶段开发的，在英语课程中包含少数民族学生的文化，并根据这些学生的需要和期望调整教学策略。第三，采用双文化教育（bicultural education），主要强调在其他文化中能有效发挥作用的教学语言和技能。在双文化教育中，少数民族学生的语言和文化在英语课程中通过教学方法得到强化。第四，文化多元主义（cultural pluralism）是为了加强社会文化、政治、经济和少数民族学生参与教育而专门设计的。需要注意的是，文化之间并非混合，而是通过为社会每一个成员提供同等机会来寻求相互共处的方式。第五，多元文化教育作为个人的社会经验，能够促进社会和谐发展。简言之，“多元文化教育”没有一个统一清晰的定义，而是在各种特定背景下的定义。

英国多元文化教育专家詹姆斯·林奇认为：“多元文化教育就是在多民族社会中，为满足少数民族群体或个人在文化、意识、自我评价方面的需要进行一场教育改革运动，其目的是帮助所有不同文化的民族群体学会如何在多元文化生活中积极和谐地生活，保持群体间教育成就的均衡，以及在考虑各民族差异的基础上促进相互尊重和宽容。”

日本较有代表性的见解认为，多元文化教育是“在多民族国家中，对其有多样性的文化和民族背景的青少年，特别是对少数民族与移民等处境较差的社会集团的子女们提供平等的教育机会，并在尊重他们的民族及其文化特征的基础上实施的教育。”

三、多元文化教育的发展

多元文化教育的概念也是在国际国内政治经济发展的大环境中成长起来的。就国际大背景而言，当今社会科学技术迅猛发展，知识经济初露端倪，国际化社会已经到来，在学校树立全球意识颇为重要。人类面临一系列全球问题，全球气候变暖、大气污染、资源浪费、战争与疾病正在威胁着人类的生存。这些全球性问题只靠本国人民的力量是无法解决的，全球和平相处，积极合作是唯一的出路。因此，我们需要发展理解其他国家文化的能力。实行多元文化教育，实施多元文化英语课程是了解世界文化的主要途径。此外，教育民主化、国际理解教育等教育口号的提出，也使得多元文化教育的重要性日益突出。

国外多元文化英语课程兴起于民族复兴运动，在美国由于越来越多的移民涌入，种族问题日益激化，民主、人权等问题威胁着社会的稳定，反映到教育上就需要开设多元文化英语课程。我国是一个多民族的国家，各民族都有自己灿烂的文化。我国是一个各民族平等的国家，少数民族在政治、经济发展中占有重要地位，在文化上要求与之相适应。要建立一个更加民主、繁荣、先进的现代化国家，各民族之间需要互通有无，取长补短。因此，就国内情况而言，特别是我国加入 WTO 后，国外文化大量涌入，与我国文化并存，传统文化与现代文化的继承与发扬，东方文化与西方文化的冲突与融合，主流文化与亚文化的竞争，已成为我们必须正视的社会文化问题。

多元文化教育作为一个概念自提出之日起就引起了多民族国家的关注。许多国家从不同角度，用不同方式定义过多元文化教育，虽然各国说法不一，但大体含义相同。现将有代表性的几种说法归纳如下。

美国学者盖伊（Genera Gay）认为："一种明确的多元文化教育哲学的阐述对于学校英语课程发展过程是十分重要的。多元文化教育哲学认为民族文化多样性和文化多元主义应该是美国教育的一个重要组成部分和不间断的特征。学校应该教学生真正地将文化和民族多样性作为美国社会标准和有价值的东西而加以接受。"这就意味着应该接受真实的、不同民族群体的知识，并培养适当的对于不同民族群体的历史、文化遗产、生活方式以及价值体系的态度。应该接受不同民族群体存在的权利，理解民族群体的生产类型的有效性与可变性，扩大个人在自己社区和其他社区中有效运作的能力。将保存民族和文化多样性作为一种保持美国社会的丰富性和伟大性的方法而加以促进。

英国的多元文化教育理论家詹姆斯·林奇为，多元文化教育就是在多民族的社会中，为满足各少数民族群体或个体在文化、意识、自我评价方面的需要而进行的一场教育改革运动，其目的是帮助所有不同文化的民族群体学会如何在多元文化社会中积极和谐地生活，保持群体间教育成就的均衡，以及在考虑各民族差异的基础上促进相互尊重和宽容。

美国著名多元文化教育学家班克斯（James A. Banks）对多元文化教育概念的阐述，获得了许多学者的认可。他认为："多元文化教育是一场精心设计的社会改革运动，其目的是改变教育的环境，以便让那些来自于不同的种族、民族、性别与阶层的学生在学校获得平等受教育的权利。"多元文化教育理论假设，与其让那些来自于不同种族、民族、性别与阶层群体的学生仅属于和保持本群体的文化和性别特征，莫不如让他们在教育领域获得更多的选择权，从而在社会化过程中获得成功。日本较有代表性的一种见解认为，所谓的"多元文化教育"是在多民族国家中，对具有多种多样的文化和民族背景的青少年，特别是对少数民族与移民等处境较差的社会集团的子女们提供平等的教育机会，并在尊重他们的民族及其文化特征的基础上实施的教育。

20 世纪 80 年代初，美国的高尼克综合众多学者的观点后提出，多元文化教育要促进文化多样性的特性与价值；促进人权观念和尊重个体之间的社会公平与机会均等；让每个人都有不同生活选择的机会；促进全人类的社会公平与机会均等；促进不同种族间权利分配的均等。

自20世纪90年代以来，学者们对多元文化教育的理解趋于一致，综合起来，多元文化背景下的音乐教学研究大致可以这样进行表述：多元文化教育应使所有学生（不仅是少数民族学生），不论其性别、种族、宗教、语言、社会经济地位的差别，认识和理解社会中的各种文化，包括学生自身所属的文化，以及具有普遍性的为各民族共享的国家主流文化。多元文化教育必须帮助学生获得在国家主流文化中生存所需要的认识、技能和态度，同时也要有助于培养学生在本民族亚文化和其他少数民族亚文化中生存所需要的能力。通过多元文化教育英语课程，了解社会不公及其原因，提高他们在不同文化背景中的适应能力，是多元文化教育可以实现的目标。简言之，多元文化教育就是以尊重不同文化为出发点，在各集团平等的基础上，为促进不同文化集团间的相互理解，有目的、有计划地实施一种共同平等的"异文化教育"。

四、多元文化教育的影响与意义

多元文化教育的诞生对世界多数国家的教育产生了重要的影响，随着社会的发展，多元文化教育开始在多个国家实施，并取得了较好的效果。

（一）实现教育的内在目的

多元的社会文化及人类知识本身存在不确定性，高等教育除了更加确定地将高雅文化、主流文化以及精英文化作为宣扬和传播的重点外，也必须让大众文化、通俗文化以及非主流文化等具有非确定性的内容成为其有机的组成部分。对于主流社会文化必须具备并实践足够的批判和反思，而高等教育的整体思路设计必须充分考虑和尊重每个个体和国家整体的实际需求，实现个体多元性和国家统一性有机融合。每个社会都必然存在主流文化和非主流文化两种文化意识形态，但如果后者总是遭受到前者的遏制、排挤和打击，会使主流文化处于一种孤立的状态，并大大降低了其发展能力和趋势。如果主流文化能用一种宽容的态度去接受和认可非主流文化，会使多元文化教育得到快速发展。在中国日益多元的社会背景下，实施多元化教育既是当今高等教育顺应社会潮流的内在要求，也将对中国社会整体和谐与经济发展起到十分重要的推动作用。

（二）丰富各种社会文化资源

目前，多元文化教育已经成为世界各国重点关注的问题，并将其作为一种资源推动社会的发展。如德国以及加拿大等国家为学生安排移民语言以及双语英语课程的教学内容，并获得了较好的成果。这些国家拥有较多且复杂的民族和种族成分，比较重视多元文化教育理念。多元文化教育在国家繁荣和民族团结中发挥着极其重要的作用，如多元文化教育在加拿大的实施不但有效促进了各民族教育的发展，而且使各个族裔之间能够和平相处。德国和澳大利亚也为多元文化教育的实施创造了许多有利条件，通过让各民族之间取长补短以及和平共处，最终发展成为运用多元文化的成功国家。

（三）促进民族团结

推动中国高等教育的国际化。我国高等教育多元文化教育的实施要求教师必须积极做好对来自不同国家、不同民族和具有不同文化背景的学生的引导工作，让学生在面对不同的信仰以及文化时，能够形成一种正确的态度去尊重不同的文化，学会与不同地区文化背景的学生交流沟通、友好相处，并在学习和不断沟通与交流过程中，实现不同国家、不同社会阶层、民族以及种族的平等，完成多元文化价值观的建立。我国高等院校是培养未来社会主体思想意识的重要场所，实施多元文化教育旨在培养学生的文化平等和包容思想，提升学生跨越文化差异进行交流的能力，有利于促进中国同其他国家、地区、民族的全方位交流，实现共同的发展和繁荣。

我国对多元文化教育的资源性认知以及多元文化教育的实施在很大程度上吸取其他国家的经验。当下社会的文化融合了少数民族文化、汉族文化、各个不同地域的文化以及其他民族和国家文化等不同的文化，用一种正确的态度看待这种文化的交融非常必要，价值观平等、相互尊重和理解的理念是我们审视不同文化和进行文化交流的重要基础。在此过程中，必须通过历史和实践对不同的文化进行深入检验和批判，吸取不同文化中有利于促进时代发展的精髓，同时也要克服用一种文化去完全替代另外一种文化，用汉文化去统治少数民族文化和异国文化等错误思想。

当今中国，不同民族、不同地域、不同国别的文化逐渐融合，实施多元文化教育意义重大，高等教育的总体教学设计应当充分考虑到这一实际情况，使多元文化教育提升社会多元性和包容性的资源性功能得以充分发挥，让国家经济社会发展在多元文化的协调融合中取得不断前进发展的更大动力。

五、多元文化教育的优势和不足

涅托认为，随着文化种族多样性受到越来越多的关注，许多教育工作者认识到需要拓宽对多元文化教育的理解，特别是在公立学校。美国有着非常悠久的移民史，移民来自不同的文化群体，因此对多元文化教育和多样性的需要也越来越迫切。史密斯（Smith）宣称，多元文化教育的成败取决于教师和管理人员是否做了充分的准备。当教师和管理人员了解学生的学习需求，并认识到这些需求与主流文化学生的需求有何不同时，才会产生真正的学习。也就是说，当“我们真正明白、了解所教的学生”的时候，才能在学生的生活中发挥作用。伯恩斯坦（Bernstein）认为，多元文化教育妨碍同化，并制造一个分裂的社会。拉维奇（Ravich）认为，多元文化对传授价值观、信仰和西方传统文明的美国教育构成了威胁。庞恩（Pon）指出，文化能力（cultural competency）就像新的种族主义，尽管不使用种族主义语言，但他化（otherizing）有色人种，以及发展现代主义和专制主义的文化观点。

本西蒙（Bensimon）认为，目前对多元文化的理解，只是强调缓和不同群体间的紧张关系，而淡化了人与人之间的关系。罗兹将其定义为“主流多元文化主义”。将单一文化机构变为多元文化民主社区，就是将文化多样性作为一个学科主题，而不是试图改变社会的思维和做事方式。批判多元文化主义强调教学本身特有的性质。它不仅涉及内容和英语课程的讨论，而且涉及相关知识的定义，其目的是改变教育机构和组织结构，以反映不同的文化和观点。

教育人类学家已经强调交流方式的作用以及社会如何在其所定义的文化规范中互动。多元文化交际能力的研究和多元文化教育的尝试最明显的一个缺点是，关注多数群体与少数群体的互动。艾里森（Ellison）研究黑人对跨种族约会和友谊的看法。所有这些研究主要集中于黑人或非裔美国人，以及白人或欧美人群，而构成今天多元文化基础的许多民族和种族群体都被忽略了。

倡导多元文化教育，就像今天在美国学校的定义和实践一样，无论是幼儿园还是更高年级，已成为双文化教育的浅层应用。双文化是指在某些州（美国境内）非裔美国人和欧洲裔美国人的互动，以及某些国家内西班牙裔和欧洲裔美国人之间的互动。在这种情况下，“浅”意味着多元文化教育的贫乏和错误引导。多元文化教育的意义被低估的一个例子是，即使多元文化教育是素质教育（quality education）的必要组成部分，大多数教育工作者认为也只有在危机时刻，或学校时间允许的情况下，多元文化教育才作为一种奢侈品被接受。

尽管美国的种族多样性还在发展，但许多教育工作者似乎还不明白，多元文化教育是对两种以上文化的更广泛的了解与欣赏。盖伊解释说，美国由许多不同的种族、民族、语言和文化群体组成。在某些情况下，建立民族和文化之间的“人工隐式连接”（artificial implicit connection）从某种意义上说是人为的，它不强调独创性，但鼓励孩子们了解亚洲食品或墨西哥节日以帮助他们进入社会建构（social constructs）。

与在当前教育体制中创建公平的主流话语相反，金（King）认为，成功的文化相关性教学帮助人们产生一种相关的“黑色个性”（black personality）。在某种意义上说，他的言论是相关性的，文化对个人和群体认同非常重要，它“给人们一种‘他们是谁’的自我意识，一种归属感，他们应该如何表现和他们不应该做什么”。然而，我们都知道，当个人属于一个特定的群体时才会建立积极的自我印象，他们也会感觉到来自其他团体的偏见和侮辱，并遭受排斥和孤立。

多元文化教育应用的所有缺点，正如当代文献中所呈现的，就是将“为什么在美国学校中非洲裔儿童在班级里没有欧美儿童优秀”作为关注点。在标准化考试中，非裔美国学生得分低是事实。例如，加西亚（Garcia）认为，对非洲裔学生的研究倾向于把重点放在辍学、读写差距和教育缺失上。表明白种人占统治地位的另一个例子是批判种族理论家（critical race theorists）的说法：正式学校英语课程是保持“白人至上主义者的剧本”（white supremacist master script），他们是“特定文化产品”（culturally specific artifacts）。关于教学，德尔加多（Delgado）认为，“目前的教学策略认为非洲裔学生是有欠缺的”。塔特（Tate）进一步评论说，目前在美国流行的多元文化模式使白人受益。

为了在教室进行真正的学习，我们需要审视各种观点，包括我们自己的观点。马丁斯（Martins）认为，“意识到自身的假设、偏见和成见是一个人能够积极互动和学习他人的第一步。这个过程体现多元文化学习的本质”。劳伦斯（Lawrence）声称，要使反种族主义的多元文化教育不只是停留在表面上，就必须解决学校的英语课程、政策和结构缺乏多元文化成分的问题，以及学校工作人员，特别是教师如何与学生进行互动及彼此互动的问题。当教育者说我们需要文化能力或者需要更全面了解文化适应性教学时，他们未必进行了自我反思，而只是从种族主义的批评中保护自己。

多元文化教育的实现在于理解个体间的关系而非在教育系统中实施政策实践或是教育改革。如果教育系统没有意识到现存的问题和挑战，而仅停留在浅层的认识和应对层面上，那么最终一定会失败。

但应当指出的是，多元文化交际和这些研究还存在问题，因为文化群体的成员可能没有看到自己文化的重要方面。这也是一种教育体制的局限，在这个体制中，教育工作者“代表在各层面人类成就的不同种族的个体和群体，而不是仅作出有限贡献的、依赖他人的、无助的受害者角色”。

我们如何看待差异决定了我们与其他文化交往的规模和限制？帕克（Park）认为，白人、黑人或其他种族之间的差别并非是人种的原因，而是社会环境造成的。斯通奎斯特（Stonequist）也认为，个人的自我认知主要来自于从多种视角审视自己的能力。在这种情况下，多元文化交际能力是向建立一个文化敏感（culturally sensitive）的教育体系迈出的第一大步。“探索文化差异的构建是了解其他文化的根本”，我们需要开始密切关注我们的多元文化交际能力。我们是发自内心地理解其他文化，还是我们只是被“对学生来说什么是正确的呢”这种想法蒙蔽自我?

我们还应该注意，要了解用“白”作为失败借口背后的原因，必须从更深的层面看待社会。争论背后的原因可能在于自我设限（self-handicapping），即为表现不佳找借口，自我设限使人们在失败的情况下感觉不会那么糟。如果经常这样做，就会导致调整不佳和低自尊。而且，因为非洲裔美国儿童未能适应美国学校，自我设限成为非裔美国人和欧裔美国人当前的趋势。

虽然学校提供的信息未必能提高我们的多元文化交际能力，但是有助于我们理解“为什么做，做什么”。古迪昆斯特（Gudykunst）解释说，多元文化交际能力不仅包括文化和语言知识，而且包括情感和行为能力，如同情、人性的温暖、魅力，以及控制焦虑的能力。毫无疑问，种族主义是一个大问题并且控制着主流文化，对任何教育制度都是真正的威胁。

从教育学的观点来看，文化敏感性提供了一条通往教育多元化的道路。从政治角度来看，学校运用“分而治之”（divide and rule）的管理风格，通过找出差异（独有的特点），创建文化上不同的群体。通过这些分离的政策，一个问题更加凸显，即政治敏感性（political sensitivity）成为一个障碍。学校管理的重点是保持表面上平等的教育，而不是关注教育系统中拥有不同文化背景的学生的学习结果。为了有更好的了解，我们需要密切关注政策，了解教育思想如何转变为程序和相关应用，以及这些程序是如何付诸实践的。

解决方法并不是简单地创造文化适应性教学法，英语课程设计应考虑有色儿童（children of color），并把郊区年轻的白人女教师转变为具有文化竞争力和适应性的教育工作者。需要指出的是，虽然这些并不能真正解决问题，但理解“我是谁”以及“为什么我做这些事情”，是“变化”的开始。

为实现教育中的多元文化主义，需要一个明确的定义，我们从“多元文化教育”中了解到什么。通过明确的定义，我们可在政策上做出必要的改变；对政策做出必要的改变之后，我们需要拥有较强多元文化沟通能力的领导者，表达多元文化教育的理念。理解并尊重其他文化的观点和行为对促进多元文化理解至关重要。然而，在我们开始改变这个世界之前，需要理解“为什么我做这些工作”。无论你是谁，无论你在哪里，无论你想要实现什么，这一切都始于对“自我”的理解：“对自我假设、偏见和成见的认识是进行积极互动和学习他人的第一步。这个过程就是多元文化学习的本质”。

把握多元文化教育，既避免了以往曾出现的孤立的多元文化教育观，也避免了国家整体教育中地方文化的缺失，还避免了“多元”与“一体”的对立。

第二章　大学英语教学改革的方案

第一节　大学英语教学改革及其现状

一、大学英语教学改革

“大学英语教学改革”是教育部“高等学校教学改革与教学质量工程”的重要组成部分。2002年项目启动以来，教育部在全国180所高校推广并且实施了大学英语教学改革，使得中国英语教学进行了一系列深刻的变革。经过几年的试点实施、运行和调查研究，终于在2004年对大学英语教学大纲进行了修订，进而制定了新的《大学英语课程教学要求（试行）》，并于2007年正式实施。

纵观20世纪以来的中国大学英语教学改革，主要体现在对教学大纲的不断完善和修订两方面，从而以《大纲》为目，纲举目张，不断进行教学方法、教学手段以及课程设置等方面的教学改革，进而不断提高教育教学质量。中国大规模的大学英语教学改革也已经进行了三轮，这三轮改革对中国大学英语教学意义重大并且取得了一定的成绩。

第一轮的大学英语教学改革始于1982年，当时因为分理工科和文科所以就出台了两份《大纲》，大纲中规定“大学英语教学的目的是培养学生具有较强的阅读能力，具有一定的听的能力，初步的写和说的能力，使学生能够把英语作为工具进而获取专业所需要的信息，并为进一步提高个人英语水平打下较好的基础”（转引自王海啸等，2005），其中明确提出了把英语作为工具这一观点，并提出专业阅读课程的安排，对学生实施分类指导，分级教学。

第二轮大学英语教学改革始于1994年，背景是大学英语学术界对第一轮改革中两个《大纲》存在较大分歧，其分歧还是主要集中在“科技英语还是普通英语”之争。同时，由于当时要进行全国四、六级统考，而大纲中规定的不同标准和要求就构成了极大的阻碍。经过这一轮教学改革形成了新的全国统一的《大学英语教学大纲》，其中具体要求是“大学英语教学的目的是培养学生具有较强的阅读能力和一定的听、说、写、译能力，使他们能用英语去沟通交流。大学英语教学应当帮助学生打下扎实的语言基础，掌握良好的语言学习方法，提高文化素养，以适应我国社会发展和经济建设的需要”。这次大纲和第一轮大纲的最大的区别就是去掉了“工具性”，而代之以“文化素养”，也就是“人文性”。第三轮的大学英语教学改革在应试教学过程中愈演愈烈，这一改革是在“外语教学费时低效”的批判声中进行的，这些批判论述的来源包括时任国家副总理的李岚清、高教司司长张尧学、南京理工大学井升华以及后来的戴炜栋等人。他们认为，多年来中国的外语教育投入非常大但是产出严重不足，投入和产出不成比例。

因此，2002年教育部启动的“高等学校教学质量和教学改革工程”中将“大学英语教学改革”列入四项改革工程之一，足以表明国家对本次大学英语教学改革的重视。本次改革摒弃《大纲》这一名称，取而代之的是《大学英语课程教学要求》（以下简称《课程要求》）这一称谓，主要内容为：“大学英语的教学目标是培养学生的英语综合应用能力，特别是听说能力，使他们在今后的生活中中能用英语有效地进行交际，同时增强其自主学习能力，进而提高综合文化素养，以适应我国社会发展和国际交流的需要”。这次《课程要求》提出的教学目标涵盖了三个层次，即培养学生英语综合应用能力，发展学生自主学习能力以及提高文化素养。此次改革改用“课程”这一术语，体现了对外语这一课程的理解以及从理念上进行了改变，从课程的角度去理解和定义大学英语教学，并明确的规定了课程设置，使得课程设置走向多元化，其方面包括综合英语类、语言技能类、语言应用类、语言文化类和专业英语类等五大类别，以满足不同学生的不同需求，使不同层次的学生的英语应用能力都能得到训练和提高；其次，把英语教学定义为素质教育课程，提出要兼顾外语教学的工具性和人文性。

虽然三轮改革结束，中国外语教学的争论并没有因此而结束。目前的大学英语教学已经进入转型期，或者称为“后大学英语教学期”。蔡基刚是这一提法的首倡者也是积极提倡者。他的观点是，随着大学英语教学改革的不断深入，大学新生的英语水平也在不断地提高，大学英语的学分在压缩，课程设置不断丰富呈现多样化，学校的英语自主学习也在改善，这些新情况的出现表明以能力培养和教学模式为核心的教学改革将面临着方向性的突破。他认为，目前大学英语的教学定位存在一定的偏差，一直将基础（普通）英语作为主要培养目标导致大学英语产生了诸多问题，如大学英语教学目标不清、应试教学、学习内容重复、学生学习懈怠、英语教学费时低效等学生对大学英语的普遍不满，最终将导致大学英语的消亡。由此而看，大学英语教学的发展方向应当是专门用途英语或学术英语。持同样观点的学者还有束定芳，他认为，大学英语教学的定位是：（1）服务于高等教育国际化，（2）培养实际的英语使用能力，（3）为培养创新型人才服务，最终的落脚点依然是学术英语。但王守仁持相反观点，他认为对于中国来说，不能轻易取消高校普通英语教学，因为部分学生的英语应用能力还不强，而且英语语言基础有限，还需要在大学继续学习和巩固。他提出大学英语的课程体系构建要与学校定位、人才培养目标和要求等方面相一致，可以把普通英语、特殊用途英语和通识教育类英语并存并教，控制三者的比例进而做到“基础性与选择性相结合，规定动作与自选动作结合，达到也就是必修课和选修课、输入与输出、语言与文化之间的平衡”。韩宝成的理念与其基本一致，他也认为大学英语课程应当分为三个类别，即通识英语、学术英语和专业英语。吴鼎民结合大学英语学科的特点，明确提出了把英语语言教育、中外文化和多学科知识系统地融入到大学英语教学的教育理念当中。

学者们在肯定大学英语教学改革取得的成绩的同时，也提出目前的《大学英语课程教学要求》目标定位不很准确的问题，导致了教学改革雷声大，雨点也大，但是改革质量并不理想的结果。对于中国大学英语教学的出路何在，不同的学者持有不同的看法，可以说中国高校的大学外语教学进入了发展的十字路口或者称为瓶颈期。

在轰轰烈烈的教学改革和变革辩论当中，不能忽视的是中国英语教学的现状。针对改革开放和1999年开始的大学连年扩招的情况，中国的大学教学已经逐渐从“精英教育”转为“大众化教育”。大规模的扩张使得高校对教师的需求急剧上升，这样多数普通综合性或师范院校或部分理工科院校的本科毕业生就顺理成章地进入高校教学岗位。以笔者所在学校为例，仅2003、2004年两年就有大约20名本科毕业生进入教师队伍，在经过并不正规的短短教育理论培训之后就直接上岗，承担本科生的大学英语的基础教学工作。这些教师大多并非师范院校毕业，并未进行系统的师范教育和培训，尤其缺乏教育理论的学习；再者，由于学生人数的大大增加，师资力量却很有限，几乎所有教师都承担超负荷的教学工作，没有时间，也没有精力进行在职进修和培训，去系统地学习教育理论，反思教学行为，进而提高教学效率，大多数教师的想法就是能够应对每天的课程，保证表面的正常教学秩序就足够了。此外，女教师和年轻教师占大多数是大学英语教师队伍的两大特点，因此家庭重担也阻碍了部分教师积极进取、不懈努力的想法。当然，安于现状、不思进取的教师也是存在的。所有这些不利因素都妨碍了英语教师的专业发展，这也是造成大学英语教学诸多不良效果的原因之一。

综上所述，无论改革朝哪个方向发展，都离不开大学英语课程改革这个根本所在，那么对于课程的研究就不仅仅是显性课程、正规课程等这些外显课程的研究，还应包括隐性课程等内隐的课程的研究，使课程的研究走向全面化、整体化，发挥课程的不同作用和功能。同时，无论改革朝哪个方向发展，都离不开处于改革核心地位、实施和践行教学改革的教育主体也就是教师的不断成熟和发展。《大学英语课程教学要求》中明确指出：教师素质是提高教学质量的关键，也是大学英语课程建设与发展的关键。

大学英语教学的改革对广大英语教师提出了更高的要求，这些要求促使教师不断转变观念、更新教学理念、加强教学能力、掌握现代教育技术，只有不断提高自身综合素质和能力水平才能不断适应新时代的发展。

二、英语教学现状

在过去的一个世纪里，随着语言学理论、语言学习理论和其他学科如心理学、社会学、人类学和教育学等学科理论的发展，衍生了语言教学法的各种流派。到目前为止，比较系统化的教学法至少有20种，外语教师可有多种选择，但这些教学法基本上都是以语言知识和语言技能为中心，文化因素一直被忽略。

在19世纪40年代外语教学开始作为学校培养外语人才的课程，发展到今天已有170多年的历史。外语教学的演变主要经历了四个阶段：第一阶段，传授语法知识培养阅读能力；第二阶段，按幼儿习得母语规律，强调模仿和重复的作用，训练学生外语的听说能力；第三阶段，以认知为前提，培养学生的外语综合应用能力和交际能力。目前正在处于第四个阶段，以语言和文化作为输入，着重培养学生的社会文化能力和跨文化交际能力。从20世纪初期到现在，我国的外语教学先后采用了语法翻译法（简称翻译法）、直接法、视听法、认知法和交际法五大教学方法。

（一）英语教学存在的问题

1.师资水平较低

由于历史原因，特别是在“文化大革命”十年动乱期间，英语教学成为了学习上的重灾区，由于部分英语教师受到迫害，导致我国英语师资水平整体偏低。不可否认，师资水平对英语教学的成败起决定性的作用。改革开放以来，我国外语学习人数陡然增多，外语教师短缺成为不可避免的短板。由于师资短缺，部分地区尤其农村地区英语教师只讲数量不求质量的问题十分严重。根据抽样调查显示，我国部分地区特别是西部农村地区，有很大部分教师自己都不能流利地说和写标准的英语，这样的师资怎么可能培养出高质量的英语人才呢？研究人员对重庆部分农村教师采访时发现，很多教师都是“以前老师怎么教我的，我现在就怎么教学生”，甚至有的老师是“跟着自己的感觉走”，从来没有了解过学生英语水平、学习目的以及学习动机等实际情况。自1998年高等学校扩招以来，大学英语教师再次逐渐迷失，甚至许多教师身兼数职，以至于教师整天疲于应付，很难有时间坐下来精心备课、上课进而反思教学，这样培养出来的学生又如何能成为承担培养未来英语教学的英语师资呢？根据有关调查研究，2001年我国大学英语课程的教师人数与所教学生的人数比为1：130。更为严重的是，我国部分地方高校大学英语教师学历结构与教学任务要求严重失调，教师的学历是学士及其以下学历的比例高达73.2%。

因此，有学者开始呼吁“提高英语教学质量的关键在于提高师资力量，必须采取有效途径吸引更多优秀的英语人才到大中小学教书”。为此还有学者开始强调“改进当前英语教学，主要途径就是应该大力提高英语教师师资水平，提高大中小学的英语教学水平，关键仍然是要提高大中小学英语教师的英语水平”。

事实上我国外语教学的流变与欧美国家基本同步。我国的外语教学界应用了各个时期的主流外语教学法，经历了一系列的教学改革，但是教学效果却是始终不如人意。一个世纪以来我国外语界采用的教学方法只重视语言知识和语言技能，却忽略了文化因素，培养的学生语言能力强、技能也很熟练，但是跨文化交际能力却很差。国内外学者研究过跨文化交际中的语言错误和文化错误之后，发现后者的性质更为严重。国人介绍自己时结结巴巴地说出中国式英语“Chinese English”，虽然不符合英语语音和语法规则，但是作为听者的英国人非常宽容，并觉得有趣。然而，如果这位中国人用标准的英语发音和语法按照中国习俗说话或提问的话，很容易违反英语表达的规则，这样也被认为是不礼貌的行为。例如，按照下面的方式提问肯定会引起不快。一位中国人问一位英国女士：“你多大年纪？”（How old are you？）“你结婚了吗？”（Are you married？）“你去哪儿？”（Where are you going？）尽管这些问句的语法正确、充满善意，但内容涉及英美人士的“隐私”，这些表达违反了英语的说话规则。这是交际过程中极其严重的文化错误，英国女士会误以为对方打听自己的隐私，并为此感到不快。目前我国的跨文化外语教学虽然已经起步，但与欧美国家相比差距还很大，大学英语教学就是一个非常典型的例子。在我国的大学英语教学过程当中，文化教学与语言知识教学和语言技能培训相比较，其比重显得微不足道，而且培养的学生严重缺乏跨文化交际能力。究其原因，主要有以下七个方面：100多年来主流外语教学法流派都忽略了文化在外语教学和交际中的重要性；外语教学界还缺乏比较成熟的跨文化外语教学模式特别是跨文化英语教学模式；各大高校普遍缺乏涵盖跨文化交际项目的大学英语教学大纲；英语教师和学生都严重缺乏跨文化交际意识；英语教师缺乏文化教学的训练和接触英美文化的机会；跨文化交际英语教材十分匮乏；学校缺乏系统评估文化能力的手段和标准。

经过几十年的教学实践，显然各国的外语教学工作者已经达成共识：那就是外语教学应包括文化教学，外语教学的目标应包括跨文化交际能力。目前对如何在外语教学中实施文化教学这个问题的讨论方兴未艾，而且新观念、新方法以及新建议层出不穷。因此文化教学讨论的焦点主要围绕四个关键性的问题：其一，外语教学中的“文化”具体是指什么？其二，如何构建一套相对比较完整的理论框架来指导语言文化教学实践？其三，采用什么样的教学手段使能够有机融合外语和相关文化，以使外语学习者既习得语言又习得文化？其四，最适合中国国情的跨文化外语教学模式是什么样的？

经过国内外学者和外语教师近半个世纪的研究和实践，跨文化交际学形成了一套系统并且成熟的理论。跨文化交际具体是指不同文化背景的人之间的思想、信息等的交流。一般情况下跨文化交际中出现的问题要比相同文化背景的人之间的交际中出现的问题多。每个参与者都根据自己的文化习俗理解别人的话语。如果说话者的文化习俗差异很大，就很容易引起误解，甚至导致交际的完全失败。语言、交际以及文化的关系密不可分，文化影响语言和交际。语言教学的目的之一就是使教学对象能够熟练地运用所学语言进行交际，也就是具有交际能力；教授语言的理想目标是使教学对象使用所学语言在目的语的文化语境中用符合对方文化习惯的方式进行交际，即培养学生进行跨文化交际的能力。

不同的人从不同的角度对文化的理解也就不相同。学者们长期以来争论的话题就是文化的定义，至今也没达成共识。有些学者将文化比喻成海上的冰山，显露在海面上的只是一部分肉眼能看得见的东西，如物质生活、衣食住行、社会活动、言语行为、非言语行为、风俗礼仪等。而隐藏在海平面下的却是用肉眼难以看见的东西，那就是价值观和世界观。轮船撞上冰山沉入海底的话，大部分是撞到了海平面下的冰山。当在跨文化交际中发生冲突的时候，仔细观察和分析就不难发现，它们往往也是价值观、世界观发生对立的时候。我们在平时的生活中几乎都没有意识到文化所带来的影响。这是因为我们从小生长在自己国家的文化当中，本国文化的各种影响自然而然地深深地扎根于我们的头脑里。如果明白了“文化就是我们的生活方式本身”的道理，就一定会感受到文化的存在。

2.应试倾向明显

“高学分，低水平”这句话用来描述我国的英语学习者再合适不过了。我国绝大部分学生学习英语主要目的其实就是为了通过某一门或者某一场考试，而且几乎都是通过题海战术来学习英语。就中学英语教学而言，由于中考和高考的重要性，90%以上的学校安排初三和高三的大部分时间来复习迎考。换句话说，在初中和高中的最后一年时间里，毕业班的学生几乎没有机会学习新的内容，主要时间都花在复习以及重复练习之前学习过的内容，通过一遍又一遍的题海战术迎接考试的到来。大学生英语学习也不例外，根据有的学者对部分大学生英语学习目的的调查显示，64%的学生认为学校和社会“过分强调四六级考试”的重要性，而59%的学生认为自己学习英语的主要目的就是应试。当然，随着这几年“教育硕士”的推广和普及，这种现象有所改观，但是实质并没有得到太大的变化，只是教师的学历结构相对提高而已。

受东方文化传统的影响，我国教学理论无论从教学目的、教学内容，还是教学评价上看，都具有明显的功利性倾向。教学目的与考试紧密相连，考试考什么，教师就教什么，学生就学什么。学生学习的最终目的与追求功名、高学历和高的社会地位联系起来，因此教学促进个体的发展几乎被忽视了。在教学内容上也是以考试为导向，国家规定了统一的教学科目，然后教师就完全以此为标准，按照考试的要求进行教学，这样使得学生获得高分数，从而提高升学率。教学评价形成了以考试为主要方式的终结性评价，“一考定终生”，分数的高低直接决定学生能否进入大学以及进入什么层次的大学，考试成为学生改变人生的最有效途径。在考试文化根深蒂固的大环境之下，不难发现考试决定了外语教学大纲和教师课堂教学方法的选用，任务型教学法在这一地区显得苍白无力。由于考试的甄别功能被片面夸大，同时考试的负面影响也被无限放大，这些因素在很大程度上导致了我国英语教学应试教育倾向的现象有增无减。几年以前，大学英语四、六级考试的成绩被多方误用，特别是用人单位片面看重被聘人员英语四、六级证书，使得整个社会把四、六级考试当作学生进入工作单位的“敲门砖”或者“试金石”。因此，可以看出“考试文化”在我国教育中起主导地位的过程恰恰就是教育价值观遭遇异化和扭曲的过程；如果想要真正地实施任务型教学法，不仅要改革语言考试制度，更要转变社会对待考试结果的观念；这在功利性倾向和考试文化影响如此之大的中国还是相当困难的一件事。例如，程（Cheng）就论述尽管中国大陆大学英语四、六级考试改革搞得如火如荼，但是用人单位依然把英语四、六证书作为选择人才的标尺。朗戈（Long）和克鲁克斯（Crookes）早在1992年就提出要想在课堂教学中真正的实施任务型教学法，教学评价模块就应该出台相应的任务型测试标准。要想改变“考试文化”占主导地位的现状，我国现代教育价值观就应该改变应试教育的功利主义倾向，不断构建具有中国特色、符合素质教育要求的生态课程体系，否则将难以克服考试文化与任务型教学法实施的矛盾。

3.学生学习动机较弱

我国初中学生英语成绩从初二就开始发生两极分化，到了高中，英语成绩好与差的学生比例大概为4：6。相当一部分学生英语学习动机不强，学习态度不积极，并且缺乏学习兴趣，当然学习方法也存在一定的问题。我国英语学习者，低年级学生得精力旺盛，但是学习目标不明确，常常因为考试成绩不理想、进步太慢、英语学习困难重重、迷惘、失落、不知该怎么学等诸多原因而渐渐退去学习英语的热情。学生因为英语学习出现的挫折而忽略了自身的个性发展，他们不但学习积极性不高，甚至眼高手低，忽视语言学习的基本功底训练。另外，我国英语学习追求急功近利，被社会上五花八门的“快餐文化”所吸引，盲目参加所谓的新东方、托福、雅思、GRE以及四、六级培训班。然而高年级的英语学习者阅读量小，眼界窄，英美文化底蕴差，把学习英语理解为仅仅学会几个英语单词，学说几句简单的问候语，或者大致可以和外国人进行语言沟通，而没有真正理解语言是文化的载体，语言是生活方式的体现。这些问题的存在除了教学安排、教师因素的外在因素以外，学生学习热情减退、学习动力不足和学习动机不强也是重要的原因之一。

4.英语教学体制混乱

我国英语教学面对的另一个不能忽略的问题是中小学、大学外语和硕士、博士教学脱节现象严重，有人曾笑侃我国英语教学犹如青蛙的三级跳，跳两步退一步，当然这也是我国英语教学过程产生重复劳动，挫伤学生学习的积极性，费时低效的重要原因。

脱节表现之一是我们没有一个统一的协调各年级的制定课程标准、设置教学课程、编写教材和教育评价的机构。脱节表现之二是我国英语教学学生起始年龄不一致，北京、上海等发达地区从小学一年级开始学习英语，部分大城市都是从小学三年级开始开设英语课程，西部农村地区学生从初中一年级开始学习英语。因此进入高一之后，学生的英语水平参差不齐，而学校为了照顾大部分学生，从而忽略了部分优秀生和落后生的学习积极性和热情。此外我国大学英语只开设两年的课程，间隔两年后，硕士研究生英语学习一年以后再次休眠，到博士期间又用一年时间来捡回自己以前学习的英语知识。这样的英语教学体制，不仅违背英语学习的连贯性原则，更使学生养成了学习英语三步一回头的不良习惯。

针对我国英语教学体制相对混乱的问题，有学者提出开展“外语一条龙”的方针。从课程衔接的角度来分析，“一条龙”的提法是完全合理的，也是十分必要的。避免以前各自为政的混乱局面，小学、初中、大学乃至硕士、博士的英语教学确实应该在有关部门的协调下进行统筹安排，在课程标准制定、教材编写和教学评价等方面统一策划。国家新一轮基础教育课程改革将基础教育阶段从小学到高中英语课程的教学目标设计为九年一贯的目标体系就是对此进行的试验。部分高校也开始在大学三、四年级开启专业英语课程，以便与硕士研究生英语教学接轨。也有部分高校在硕士二年级开设高级专业英语课程，进一步提升学生的英语水平，这些对“外语一条龙”的教学体制都做出了初步尝试。然而，从根本上消除大中小学文化隔绝才是构建大中小学“一条龙”英语教学体系的真正出路，因为只有文化的融合才是真正的融合。

5.英语教学文化渗透力不强

文化具体是指一个国家或民族的历史、地理、风土人情、传统习俗、生活方式、文学艺术、行为规范、价值观念和思维方式。文化的载体是语言，有人认为语言本身就是文化的重要组成部分。总而言之，语言和文化密不可分，语言能够丰富的文化内容，而且不具备文化内涵的语言是不存在的。然而，长期以来，我国英语教学过于偏重语言成分分析，语法和词汇教学在英语教学中占主流阵地。因而，教学过程中文化渗透严重不足。例如曾经一个美籍教师十分不解地问笔者，为什么很多学生说自己父母是“farmer”，却反复强调父母生活非常艰辛？其实这些学生是仅通过学习知道peasant和farmer都具有“农民”的意思，殊不知farmer则是farmer构成的合成词，原本意思是“收地租的人”，后来延伸为“农场主”的意思，到现在欧洲人才用作“农民”，他们生活富足，相当于我国富农（富裕的农民）吧；而真正的peasant才是我们通常说的“农民”。词汇源于生活，与文化密切关联，如果想要真正理解语言只有将其植根于特定文化语境中。

（二）英语学习者的疑惑

最先提出“强语境文化”和“弱语境文化”概念的是美国人类学家艾德华.霍尔（Edward Hall），他在1976年最先提出。霍尔认为，不同文化中交际对其环境的依赖程度不同，有强、弱语境之分。具体来说：在强语境文化中，交际过程中的信息很多时候都蕴含在交际的情景中，言语负载的信息量较少；相反在弱语境文化中，交际过程中的信息多由言语负载，只有少量的信息蕴含在隐性的环境中。例如，两个好朋友在交际时经常使用简洁的话语，因为彼此能理解最微小的手势、表情以及眼神；而当两个不同国家的人用英语交流时，每一句话都必须非常准确、清晰。前一种情景属强语境交流，后一种情景属弱语境交流。因此强语境文化与弱语境文化的冲突是影响跨文化交际的重要因素。

霍尔指出，虽然任何文化都兼有强语境和弱语境的某些特征，但是大多数文化还是具有明显的倾向性的。

英语和汉语分属于不同语系，在词汇及句子表达上习惯不同；两种语言的语体风格和节奏特点也不一致。因此，我们在学习英语时，提高英语学习的效率，特别要注意比较英语与汉语的异同，有意识地进行两种语言的比较学习，。

随着改革开放的深入发展，入世的成功，奥运会的举办，世博会的闭馆，我国完全进入了全面开放的新格局。来到中国工作、生活和学习的外国人越来越多，越来越多的国人开始走出国门，“地球村”的称呼名副其实。因此，英语成为每一个现代人的基本技能之一。在英语学习过程中，很多学习者都遇到了笔者追问的那个疑惑，然而，他们却把这种现象通通归结为于我国英语教学的不作为。根据国内外相关研究，结合我国英语教学实际，上海外国语大学戴炜栋教授在2001年发表的“构建具有中国特色的英语教学‘一条龙’体系一文，认为我国英语教学最为突出的问题是“哑巴英语”和英语学习的“费时低效”两大问题。如何有效地培养大量质量高、语言精以及能力尖的现代化英语人才，进而满足社会现代化和国际化增长的需求，首先要求我们对英语教学现存问题进行客观、认真的考察与分析。为了探索我国英语教学的出路，该文从英语教学的基本概念与基本环节，比如英语语言教学的本质与地位、教学方法、课程设置、师资培训、教材建设及评价障碍等几大方面，对我国英语教学存在的问题和现状进行整理分析，进一步提出英语教学大中小学“一条龙”体系建构的可行性。后来铺天盖地的论文开始讨檄我国英语教学，很多学者都认为我国学生英语没有学好的主要原因是我国长期的传统语法翻译教学法，他们认为这种方法既不利于学生学习英语，更不利于学生未来使用英语。受这种观点的影响，为了解决中国人语言学习的问题笔者引入了国外语言教学方法。于是研究生期间，结合国外任务型教学法的研究，撰写了自己的硕士学位论文：“任务型教学法——一条适合中国外语教学的有效教学途径”，尝试从教学方法着手解决我国英语语言教学问题。但是经过这些年的摸索发现语言学习并非原来自己想象中那么简单，该研究方法可以短期内部分地解决英语语言教学矛盾，也可以在一定程度上提高学生的听说能力，但仍然是治标不治本，难以从根本上解决我国外语教学存在的这些问题，。如果想要真正解决中国人语言学习的难题，我们认为还得全方位地把语言、学习者及环境有机地融入母语学习的生态环境之中，这样才能使英语语言教学取得较好的效果。

第二节　英语教学模式的改革与发展

就来源而言，范式（paradigm）一词是借用的语言学，其初始意义是表示语法中“词形变化”，用来表示词形的变化及其规则，后来逐渐引申出模型、模式、范例等多种意思。最早出现“范式”一词的是库恩（Kuhn）的《科学革命的结构》一书；此外，库恩在《必要的张力》中也曾多次提到“范式”的概念。“范”表示范型，“式”代表模式。“范式”是一整套信念包括规律、理论、标准、方法等在内，是某一学科领域共同的世界观。“范式”有时候亦指“科学共同体（the Scientific Community）也就是共有的基本的主要观点、理论框架、价值标准、研究方法”，有时候是指“科学分界的标准”，有时候却指“由一整套概念和假定所组成的看待世界、解答问题的基本方式”。此外，还有时候指“科学共同体用基本一致的思考方式来研究同一领域的特定问题”。但是有的教授提出范式就是指从事同一研究领域的人员所持有的共同信念、研究方法和研究规则。有的时候范式也指一种理论体系、方法的结构和研究规则，它规范着研究人员观察世界的角度和价值取向，决定着问题的提出、抽象的方向、材料的选择、合理性标准的确立以及问题的解决，科学发展的重要标志就是新旧范式的更替。

在过去的近一个世纪里，人们研究学习和教育的范式发生了重大的变化。这些教学研究范式的更新，直接影响着与之对应的教育研究和实践，也就是教学模式的更迭。人们对学习的理解可以归纳为以下三种范式：一是学习是刺激-反应间联结的逐渐形成过程；二是学习是知识的接受与获得过程；三是学习是学习者知识的主动建构过程。与其相对应的理论研究模式，我们分别称之为：行为主义理论研究模式，认知主义理论研究模式和建构主义理论研究模式。近年来，随着生态哲学和教育生态学的发展与推广，学界逐渐认同生态主义理论研究模式，这一模式逐渐发展为国外教学理论的主流模式。这些教育研究模式的更迭促使了语言教学理论的更新换代，尤其是生态化模式对语言教学产生了深远的影响。因此本部分将沿着行为主义语言教学模式、认知主义语言教学模式以及建构主义语言教学模式和生态化语言教学模式对语言教学的历史演进进行一下梳理。

英语教学模式通常被看成一种简化的、理论化了的语言教学范型，国内外对这方面的研究成果汗牛充栋，因此本文的文献综述希望给予当代英语教学模式发展的情况关注，即20世纪80年代以来国内外英语教学模式的相关研究。20世纪80年代以来，我国经历了语法—翻译教学法的回顾与反思，大家开始意识到语言交流这一功能的重要性，教学中开始强调要提高学生的语言交际能力，因此交际教学法和任务型教学法两大方法先后在我国得到重视和推广；进入新世纪以后，维果茨基社会文化理论被引入到二语习得中，为了指导英语语言教学模式的建构英、美等国开始引用社会文化理论。

一、交际教学模式

我国对交际教学法进行介绍始于1982年胡文仲教授在《外国语》上的一篇“交际教学法初探”；胡文仲教授提到外语教学的主要目的在于掌握并且使用语言进行交际，原则上这是没有争论的，问题是国外真正用“交际”的方法教外语是70年代以后的事情。1984年，李筱菊再次在《现代外语》发文介绍交际教学，90年代，李观仪比较了传统教学法与交际教学法，他认为传统教学法其实是语法翻译法、听说法和情景法三种教学法结合的综合体。交际教学法则认为语言是交际工具，它强调的是语言的意义以及运用，学生是课堂上的主角，因此在课堂上应该提倡使用交际教学法，以此来培养学生的语言交际能力；同年，张晖也在《山东外语教学》探讨了交际教学法的几个问题；之后，李连瑞在《四川外语学院学报》简单论述了交际教学法，我国外语教学界才开始对交际教学法有了更加深刻的了解，从此交际教学法开始在我国外语教学课堂上得到推广。经过几年的实践，我国部分学者逐渐发现从国外引渡过来的交际教学法进入我国课堂之后水土不服，我国外语教学中存在一些的问题，很多学校举着交际教学法大旗，然而在课堂上依然使用的是语法翻译法。因此，吉林大学辛斌（1995）在《外语教学与研究》上发表“交际教学法：问题与思考”一文，开始对我国外语教学中交际教学法进行回顾与总结，在此之后，很多学者逐渐开始对交际教学法进行反思，其中罗新红（1997）在《国外外语教学》上发表“对交际教学法的几点质疑”的文章；李瑛，吴长镛（1998）在《外语与外语教学》上发表“交际法得失论——华东师大英语系交际教学法实验的调查报告”的文章；孟建国（1999）在《语言与翻译》上发表“语言教学中交际教学法理论发展透析与反思”的文章；廖巧云（2002）在《山东外语教学》发表了交际教学法的应用：问题与思考的文章。进入21世纪，虽然仍有部分学者继续呼吁交际教学法，如文健（2003）在《北京第二外国语学院学报》发表了“论英语大班教学的利弊及交际教学法的运用”的文章；李群（2003）在《山东师范大学外国语学院学报》上发表了“论交际教学法下的语法教学”的文章，但是大家应当已经看到我国外语教学应用交际教学法的苍白无力了，进入21世纪，我国新一轮基础教育课程改革再次掀起了外语教学法改革的浪潮。

二、任务型教学模式

任务型教学法（task-based learning，简称TBL）就是把具体的任务作为学习动力或动机，把完成任务的过程作为学习的过程，以展示任务成果的方式来体现教学成就的教学途径。任务型教学是让学生把语言学习任务或问题作为出发点，通过参加多种形式的教学活动，提高学生的知识与技，提升学生的应用能力和探究能力，从而使学生获得情感体验为目的的现代化英语语言教学方式。任务型教学很好地体现了以“学生为中心”的教学理念，整个教学过程基于学生的自主发展，教学过程包括学生自己收集信息、处理信息、分析信息和运用信息去主动发现问题等方面，并能够提出解决问题的方案，进而培养学生获取知识的能力以及增强他们的语言运用能力，最终达到理解语言、掌握语言以及运用语言的目标。任务型教学能够充分挖掘学生的主动性和创造性；有助于培养学生的合作学习精神；有助于培养学生的综合分析、归纳和应用语言知识能力，它符合现代语言教学改革的需要。

我国教师形象地把这种教学方法称之为“为用而学，在用中学，学了就用”的教学法。国内外大量的论著和实验资料表明，任务型教学途径是一种以人为本的，同时能够体现语言价值、先进并且有效的教学途径。目前，很多国家都采用或者借鉴该教学法，2001年我国教育部新颁发的《全日制义务教育普通高级中学英语课程标准（实验稿）》当中也明确表明“提倡任务型教学模式”，建议教师在课堂上尽量采用“任务型”教学方法。除此之外，亚洲其他国家和地区也先后提倡任务型语言教学的方法，日本在1999年颁布的《国家课程标准》当中就提出英语教学的中心任务之一就是培养学生的交际能力，并建议使用任务型教学法。1997年韩国颁布的第七版《国家课程标准》当中也提倡教师使用任务型教学法。1991年新加坡颁布的《英语教学大纲》当中为了培养学生的跨文化交际能力也提倡教师使用任务型教学法。自1997年以来，中国香港官方颁布的《教学大纲》当中建议小学阶段的英语教学采用任务型教学法。除此之外，马来西亚、中国台湾、越南、印度、泰国等国家以及其他很多亚洲国家都建议外语教师采用任务型教学法。

对任务型教学研究我国从近几年才逐渐开始，特别是2001年7月教育部颁布的《全日制义务教育普通高级中学英语课程标准（实验稿）》（下文称课程标准）以后逐渐风靡。新颁布的《课程标准》明确了“倡导任务型教学模式”，要求教师避免单纯传授语言知识的古老的教学方式，建议教师在课堂上采用“任务型”的教学方法，让学生具有明确的任务目标，在“做事”的过程中发展自身的语言能力、思维能力以及交流与合作的能力，从而不断提高综合语言运用能力。在我国，最先经历了对任务型教学研究理论引进或探讨课堂实施的初级阶段。在这期间，该教学法仅限于中小学英语教学的实验和摸索，并且在戴维德·路南（David Nunan）的大力支持下，我国于2003年按照任务型教学思想编写了适用于小学的教材《新标准英语》和中学教材《新目标英语》两部教材。

21世纪初期，随着国内引入的任务型教学法的论著的不断增加，人们对该教学法的认识逐步深刻，并开始探讨任务型教学法在我国外语课堂该如何运用的问题。20世纪90年代以来，大多数亚洲国家外语教学都曾经尝试使用任务型教学法，但是自该教学法诞生之时起，对任务型教学法在亚洲外语课堂适用性的质疑从未停止过。当这种教学方法从英国、澳大利亚、北美（British，Australia and North America：BA-NA）等语言教学环境国家转到亚洲地区英语作为非母语语言的大、中、小学的教学环境国家中时，它的有效性就开始引起了激烈的争议。昶（Chang）和比蒙特（Beaumont，2004）

认为，对教学法取舍的争论主要源于以下两方面：一是语言教学传统观念的制约，表现在任务型教学和传统的文化理念的冲突；二是语言教学条件的限制，任务型教学法的应用与亚洲教学环境下采用它时的实际困难之间的冲突，例如班级规模偏大，缺乏必要的师资培训等问题。

三、社会文化视野下的英语语言教学模式研究

社会文化理论完全可以在社会交互和语言发展的关系下着手研究二语习得，因此我们研究和理解二语习得的又有了新的视角和范式。传统理论与社会文化理论的根本区别在于改变了语言学习的心理语言过程和社会环境被看成是二分现象的观点，同时也改变了语言习得和社会化从产生它们的语言交互环境中剥离出来的思想。相对二语习得者而言，语言的起源、发展乃至进化都是源于社会文化的交往过程，在社会文化交往过程中二语学习者通过积极主动的建构参与意义，从而能够在母语文化与二语文化的冲突与融合中习得第二语言。20世纪30年代前苏联就开始在维果茨基（V ygotsky）的社会文化理论指导下进行二语习得的研究，但当时这些研究对西方语言学特别是语言教学的影响是非常有限的。因为，以英美文化圈为主导的西方二语习得的研究一直遵循自然科学实证研究的传统，十分重视受控制的大量实验和可预测的解释。此外，因为美苏政治对峙，作为当时非主流心理学派的维果茨基的社会文化理论很少被西方学者知晓更别说重视。之后随着前苏联政治体制的解体，美国与前苏联的政治对立相对缓和，社会主义阵营以外的西方学者才有更多机会去全面接触维果茨基及其追随者的著作。弗洛利（Frawley）等西方学者在研读维果茨基社会文化理论著作过程中，才逐渐认同其对语言教学具有相对指导性的观点，成为心理学、心理语言学以及应用语言学研究的热点，并被广泛地运用到外语教育等诸多领域；从此二语习得研究者才有机会从社会文化理论层面来理解和探究二语习得。

（一）调节理论与二语习得研究

Vygotskyi心理学的核心概念就是调节Vygotskyi。按照他的观点，一切特殊的人类心理过程（也称高级的心理过程）是通过信号、符号（语言、数字……）等工具来进行调节的，在与成人共同的活动中，成人通过这些工具

传授给儿童，这些工具则作为儿童更高级的心理过程的调节者进而发挥作用，这就是信号、符号（语言、数字……）对人类调节的作用（世界、他人、自己）。调节理论是社会文化理论的核心思想，其基本观点大致可以归纳为："人类独特的高级认知功能（如记忆、注意和理性思维等）是依靠人类文化构建的辅助工具的调节而发展起来的；语言是最基本的调节工具"。这些语言不仅调节人的活动而且从根本上改变了人的心理结构，从而形成了人类特有的、高级的以及被调节的心理机能——认知发展。儿童的认知发展经历从物体调控、他人调控到自我调控的三个过程的进化；在这一过程中，语言的作用经历了从社会言语、自我中心言语、个体话语到内在言语的发展。西方学者在过去的25年里主要从师生调节、同伴调节和自我调节等视角对调节理论视野下的二语习得进行了实证研究。

1.师生调节

在1994年阿兰弗雷（Aljaafreh）和兰多夫就开始着手考察在学生最近发展区范围内的语言调节学习，并发现师生协商式调节（negotiated mediation）对学生的二语发展影响明显。纳萨基（Nassaji）和斯万（Swain）通过小规模实证研究进一步说明相比于教师任意调节和帮助学生的语言发展，在学生最近发展区范围内的协商式调节对语言的发展有效很多。另外，霍尔（Hall）调查了调节实践对西班牙高中生语言学习的影响。在他的报告说由于老师严格按照自己的课程计划实施教学，缺少了师生互动调节，无法准确把握学生的最近发展区，因此导致学生语言学习的失败或者学生存在学习困惑。霍尔的报告被多纳托（Donato）在研究课堂调节学习时进一步得到了验证。鸥塔（Ohta）在对母语为日本语的学生学习英语的观察中发现学生经常把教师的反馈作为调节暗示作为促进自己语言学习的方式。凡・里尔和苏利文（Sullivan）的研究则从师生互动视角考察了教师对二语学习者的语言习得调节，此外，桑恩（Thome）还在网络教育背景下探讨了为了促使学生二语的习得教师如何运用网络互动调节。综上，国外研究表明在最近发展区范围的师生调节可以有效促进学生的语言发展。

2.同伴调节

20世纪60年代末、70年代初在美国兴起了合作学习。20世纪80年代末、

90年代初以后，我国才开始出现合作学习的研究与实验。通过合作学习，同伴之间不仅可以相互调节还能够实现语言的习得。自从多纳托（1994）开始关注同伴合作调节并构建起专家知识（expert knowledge）以后，很多学者也开始近距离关注起同伴调节对二语习得的影响。鸥塔（2001）报告了他的学生同伴之间是如何使用直接信息调节并选择预期（prolepsis）策略构建符合语法和语用规则的话语。斯万和拉克平（Lakpin）的研究表明学生在法语沉浸课堂上使用合作对话等同伴调节手段对学生的认知发展有促进作用。威力米尔（Villiamil）和德·古雷乐（DeGuerrero）还研究过其40名西班牙为母语的学生在相互帮助修改英语作为第二语言的作文时的同伴调节策略；德·古雷乐和威力米尔还向读者展示了他们研究的学生常用的四种同伴调节模式。迪卡米拉（DiCamilla）和安盾（Anton）通过调查自我纠错和同伴纠错作为二语习得的调节手段对学习的影响时发现同伴纠错有利于调节学习者的语言习得。在同伴纠错活动中，合作形式能够轻易达到完成认知过程中任务的目的，最终可能转化为学生个人独立分析问题以及解决问题的能力。学生自己在参加活动中会发现，这一活动不仅可以锻炼自我调节能力，还可以锻炼他人或被他人调节的能力。同伴间在活动中互相纠错的行为常常发生在有潜在益处的学习环境中，其环境中允许通过角色互换进而不断地采取与任务要求相符的策略性控制模式，发展到一定阶段以后，学生就可以在他人（如教师、同伴）提供的策略性行为方式下，通过模仿运用独自完成语言习得。不可否认，这便是第二语言写作教学的最终目标。但是，到目前为止仍然没有研究人员进一步去证实和探究同伴纠错活动就是第二语言习得能力得到发展的确切缘由。

3.自我调节

弗洛利和兰多夫（1985）很早的时候就开始关注自我话语对英语作为二语学习者及西班牙语作为外语学习者的调节，并把维果茨基的自我话语作为第二语言学习的实验研究的理论作为理论框架。他们在实证研究中首先提示一组图片给被试者，要求这些英语第二语言学习者观察改组图片以后，用外语来叙述这系列图片上正在发生的故事。因为英语第二语言学习者语言的能力有限，因此在描述这些故事的时候，他们的叙述不够衔接连贯，同时，他们还会稍加停顿地加入自己的一些叙述，或者在表达中显示出描述者会努力使任务自身外在化（如他们会增加诸如你想知道他们在做什么吗？他们正在……等话语）。通过对比研究发现，弗洛利和兰多夫发现这些额外的评述也比不上母语者流利的表达（一个小男孩正沿着街道走过来……）。弗洛利和兰多夫用学习者需要“通过说话和确定任务来施加命令于任务”来解释这些信息。从维果茨基的社会文化理论角度来看，在儿童自我调节能力的发展中起着重要作用的就是自我语言，特别是在第二语言发展过程中，自我语言承担着帮助儿童形成复杂认知技能的职能，如记忆新的信息以及维持注意、解决问题等。弗洛利和兰多夫两人都认为第二语言学习者恰恰是通过自我语言，努力从目标调节（object regulation）（指第二语言学习者对图画的直接反应，或者是对它们的描述）转向自我调节和任务控制，因为自我调节不是想执行就能执行的，它的实现要通过自己的努力。他们研究还发现在面对难度较大的任务时，西班牙作为外语学者无法借助其自我话语解决问题，所以也很难完成其任务；而英语作为二语学习者却可以艰难地使用自我话语勉强地把任务完成，因此他们还对二语学习和外语学习中自我话语的调节作用进行了比较。自兰多夫和弗洛利论文刊登以后，迈克卡菲力（Mc Caffery），阿普尔（Appel）和兰多夫以及乌莎科娃（Ushakova）等人便开始研究自我话语对认知发展所产生的作用，德·古雷乐先后研究了自我话语的预演功能（rehearsal function）。萨维勒（Saville-Troike），兰多夫，布朗尔（Broner），塔仁（Tarone）和鸥塔等人则开始调查自我话语与语言内化（internalization）以及与二语习得之间存在的联系。兰多夫和桑恩在《社会文化理论和第二语言发展的起源》里则专门论述了二语学习者如何使用内在言语或者个体话语自我促进二语习得任务的完成。周（Choi）和兰多夫二人首先把体态语研究纳入到社会文化理论框架下进行研究，而李（Lee）通过研究韩国学生在美国大学的生物学课堂上如何习得生物学领域的英语术语发现学生往往在利用自我话语复述术语时会伴随体态语进行强化。在迈克卡菲力的研究中李的发现再次得到了验证：那就是体态语的使用有利于调节学生更好地习得稍微高于其最近发展区的语言知识。

总而言之，西方学者的相关实证研究认为：通过同伴调节、师生调节或者自我调节调控三方面，第二语言学习者可以使用个体话语或内在言语语言习得来完成任务，由于学生的语言水平不同，因此在完成相同任务时使用的个体话语的形式也不相同。此外，个体话语并不能够确保成功的任务完成；在语言学习者语言学习出现困难的时候，为了更好地调节语言习得，个体话语经常会伴随着手势语出现。因为，个体话语就具有了认知和交际双重功能，不同语言在表达相同意思时可以使用不同的手势语。除此之外，西方学者还研究了二语习得中符号调节对语言的隐喻和词汇的习得以及叙述的作用等几个方面。在不同的语言中会出现不同的概念隐喻，从文化的角度看，二语习得往往会被看作是文化模型的学习，其中包括概念隐喻的学习，因此，是否可学和可教的问题自然就成为研究二语隐喻不可回避的问题。关于二语概念性隐喻的可学和可教性问题到底如何，尚未有确切的研究结果。在对词汇习得的实证研究中，研究人员发现如果浸入文化，运用新的词汇概念，二语学习者可以轻易学会调节其思维和语言；研究人员还发现二语学习者掌握二语文化的决心和信心决定了词汇联想网络的习得，而不是学习者在二语文化中生活时间的长短。对二语学习者第一人称叙述的语聊进行的分析研究显示，弗洛利和兰多夫二人证明二语习得其实是一个概念和意义重组的过程，他们揭示了叙述在二语习得中的调节作用。尽管西方研究人员就语言调节进行了大量的研究，然而鲜有学者研究元话语（meta talk）对二语学习者元所起的的调节作用，特别是外语学习中母语与二语转化过程的元话语调节作用；并且，直至今天手势语对二语习得调节研究也不够深入。

（二）最近发展区理论与二语习得研究

20世纪30年代，维果茨基创造性地提出了“最近发展区”概念，也就是“儿童的实际发展水平与潜在发展水平之间的差距。前者取决于儿童独立解决问题的能力，后者则是指在成人指导下或者与能力较强的同伴合作时，儿童表现出来的解决问题的能力”。最新研究表明，最近发展区可以以这样的方式获得：（1）通过专家与新手之间的互动，能力通过社会互动转移给新手；（2）在新手与新手的互动之间，能力相当的同伴通过合作、讨论得以构建。

教育创造出“最近发展区”这一概念。“最近发展区”其实质是学生两种发展水平之间的距离动态决定的差距，随着学生的相互合作的不断推进，最近发展区也将随之不断发展变化，最近发展区向前推进和发展的过程也是学生学业的不断进步过程。维果茨基持有这样的观点：“教育学不应当以儿童发展的昨天，而应当以儿童发展的明天为方向。只有这样，教育学才能在教学过程中激起那些目前尚处于最近发展区内的发展过程”。同时维果茨基还发现，教育过程不仅仅要着眼于学生现在已经完成的发展过程，而是更要关注他那些正在发展或正处于形成的状态的过程。

为了更好地指导研究二语习得，德·古雷乐首先注意到克拉申（Krashen）的i+1和最近发展区两个概念，并且他认为这是两个截然不同的概念。邓恩（Dunn）和兰多夫也区分了二语习得研究中经常同时提到的最近发展区和克拉申的i+1两个概念。邓恩和兰多夫二人都认为这两个概念是完全不同的，克拉申的主要关注的是语言难度，而最近发展区则关注的是个人认知水平差距；并且他们认为克拉申的概念其实是虚无缥缈、无法驾驭的，而最近发展区则是可以通过实验研究进而进行验证的。在邓恩和兰多夫的研究的基础上，金恩格尔（Kinginger）则根植于美国本土情况，在外语教学中从三个侧面进行定义和阐释最近发展区。然而，更多的语言专家则认为维果茨基的“最近发展区”与克拉申的“i+1”假说不谋而合，这在语言教学理论上的一大进步，其进步性在于“最近发展区”与“i+1”两个概念均把“适时”定位在学生语言发展的前面。

另外一些其他学者则更加关注最近发展区在二语习得中的运用，阿拉法尔（Ajaalfreh）和兰多夫二人经过研究发现，由于学生最近发展区的异同，显性和隐性反馈在很大程度上影响学生的二语习得的差异大；对于同一语法知识，不同学习者表现出来的最近发展区差异十分明显；且同一学习者在学习不同的语法特征时，其最近发展区也不完全一样。纳萨基和斯万进一步证实了阿拉法尔和兰多夫得出的结论，并且还发现学习者如果在学习最近发展区内的知识比随意选择的知识具有更好的效果。在阿拉法尔和兰多夫的研究的基础上，多纳托经过进一步实证研究总结说：“有独立的证据证实同伴间最近发展区范围内的支架作用对个人习得发展起着相当的作用。”迪卡米拉（Dicamilla）和安盾二人也证实二语学习者可以在最近发展区内通过同伴的支架作用可以更好地完成高难度的写作任务。德·古雷乐和威力米尔二人认为最近发展区的概念现在都能够大家耳熟能详，然而究竟如何发现进而激活学习者的最近发展区却成了迫在眉睫的任务。斯万和拉普金（Lapkin）两人就在研究中发现二语学习者通过对自己作文初稿进行口头表述有助于发现和激活自己的最近发展区。另外维拉迪（Verity）也根据自身的学习经历在比较出美国与日本外语学习机会的异同时，发现如果坚持日记记录自己的学习心得对找准和激活最近发展区作用十分明显。

菲尔斯坦恩（Feuerstein）教授的专著《手段丰富化：认知调整的干预方案》当中首先阐述了动态评价（Dynamic Assessment）思想，起初用这一思想评价心理迟滞（mental retardation）个体的智力潜能以及如何修复认知缺陷。然而早在50年代，皮亚杰（Piaget）关于儿童认知发展的观点和智力评估的过程趋向的说法为动态评价提供了理论上的准备，但是维果茨基提出的社会文化理论才从真正意义上推动动态评价的发展，其“最近发展区”概念就是动态评价的核心思想。兰多夫和博讷（Boehner）两人很早就开始探索动态评价在二语习得领域的理论构架，他们指出动态评价根植于最近发展区，而且他们认为动态评价结束了二语习得研究中评价与教学的二元对立的格局。兰多夫和博讷两人都把动态评价模式分为两大类：干预式（interventionist）和互动式（integrationist）。在干预模式中，帮助的形式是标准化的。它关注评价的“量化”指标：学习的速度指数（index of speed of laming）是学习者能够迅速有效地达到事前规定的学习目标所需要的帮助的量。然而在互动模式中，帮助出现在评价者和学习者的互动过程中。

（三）活动理论与二语习得研究

在社会文化理论中，活动是一个具有最根本的、发端性质的基本范畴。个体的活动永远不能脱离社会生活和社会关系等社会文化环境而孤立存在，主体实现与客观世界的相联系的过程就是活动的交互过程。列昂捷夫（Leontiev）认为主体和客观世界的联系必须经历三个层次的过渡或转化。第一次转化：通过活动的过程与客观世界进行、主体的活动过程与外界的对象发生的实际接触，这两大方面就决定了外界对象的特点以及属性。所以，外界对象就成为了实际控制活动过程的第一性的调节，而外界对象的心理映象其实是活动的产物，所以只能作为第二性的。这样的话，活动的第一个过渡就要实现“外界对象→活动过程”这一过程的过渡。第二次转化：主体对外界对象形成的心理反映，这种反映并不是由外界影响直接引起或决定，而是由指向外界对象的活动过程所引起，因此这就必须实现“活动过程→它的主观产物”这一层次的第二个过渡。相反，如果在这个过程中，外界对象也要被主体的活动加以改造的话，这就要实现（由心理现象所调节的）“活动过程→它的客观产物的‘静的属性’”这一层次的过渡。列昂捷夫认为，一个完整的活动过程，其基本构成要件应当包括动机、需要、目的以及达到这些目的的条件和与这些成分相关的活动、动作、操作与动机这些方面，这些组成成分之间是可以相互转化的：“个别的（独特的）活动——以激发它们的动机为标准；动作——服从于自觉的目的的过程；操作——直接取决于达到具体目的的条件”。

迈克卡菲力、罗巴克（Roebuck）和维兰德（Wayland，2001）三人对列昂捷夫信息寻求行为具有极其重要价值的活动、行动、操作三个概念进行了区分，并指出，动机、目标和条件对活动的执行起着十分重要的作用，而且它们之间关系非常密切。活动是有意识的活动并且与动机密切相关，无动机的活动是根本不存在的；活动包括一系列行动，行动又包括一系列操作；有目的过程就是一个行动，活动系统中包含行动、引起行动并且通过行动而被认识；操作的发生需要依靠活动系统中元素之间的关系，这些关系决定操作的类型，操作是一个历史概念，在不同的历史时期，它具有不同的稳定的文化结构、专业身份以及文化中介；活动由行动组成，并最终分解为操作。

在活动理论的支持下，凯芙兰（Coughlan）和杜夫（Duff，1994）在进行实证研究时，他们让一组在不同语言学习背景下的语言学习者描述同一图片，发现描述该图片的语境决定了这些来自不同语言学习背景下的参与者对图片主题的偏离程度（如参与者的描述取决于他们对完成任务所分配的时间、对与他们对话的人的了解程度、图片描述活动中任务顺序的确定、对话者当时的反应灵敏度等）。由此，凯芙兰和杜夫二人推论出不同学习者会把同一活动理解为不同的行动是因为其自身的动机不一样；当然同一学习者也会因其目标不同而把相同活动当成不同的操作。吉拉特（Gillette）在活动理论框架下考察了二语习得学生成就之间的差异，她通过学习者语言学习历史、日记以及课堂记录等分析出二语习得者由于学习动机不同而导致了学业成绩的差异。吉拉特的研究结果在桑恩的网络背景下对语言学习者的交际活动中得到了证实。

（四）社会文化视野下二语习得研究的评价及展望

通常社会文化理论视野下的语言被看作一种“思维的工具”。因此，社会文化理论学派拒绝把语言当作一种已备信息前后相传的工具的交际用于“传送”理论。在社会文化理论者看来，对话交际或者活动才是知识结构的连接点的中心。语言习得首先在个体之间产生和发展，然后个体才将其进行吸收和内化，最终实现语言习得的目的。因此社会文化视野下二语习得的研究认为，所有的学习中，应该首先是社会的，其次才是个体的；首先是智力之间，然后才是智力之内。学习者为了使自己成为学习环境积极的建构者他们对目标进行选择和操作，因此社会文化理论相对合理地地构建了一个如何理解个体与社会、心智与社会互动的理论框架；然而西方学者将该理论与二语习得研究仅限于立时（here and now）活动，典型的就是他们依然将话语数据作为理解思维过程的“证据（evidence）”，却不是用以建构他们声称的社会与文化的关系网络。此外，社会文化理论既然是特定社会文化的产物，而任何社会都具有多维时空的流变的特性，所以在未来研究社会文化视野下的二语习得应该加入社会文化的时空流变性的要素。社会文化视野的二语习得过多地关注了语言习得的外部社会文化环境因素，因此容易陷入传统思维方式下语言习得研究的几个极端：有的仅仅关注语言即从语言学习的客体出发，只关注纯粹的客观性，用消极的态度看待人的他主性和受动性；有的仅仅关注人即从语言学习的主体出发，偏重于极端的主观性，过度强调人的自觉性、自主性以及能动性；有的仅仅关注环境，从外在的因素出发，注重外因的决定性，忽略语言的生成性和学习者的流变性。笔者认为今后的研究需要将社会文化理论与生态语言学原理进行有机结合，全面、动态地进行二语习得研究；正如克拉姆齐所指出一样：实际语言习得发生的情况十分复杂，语言习得经常发生在一个多维时间尺度记忆与映射（multiple time scales of memory and projection）、多维空间自我与自我认同（multiple dimensions of self and identity）、多视角情感状态与社会实在（affective states and social face）的情况之下，即语言习得应该被理解为生态的过程生成。

从行为主义教学模式到认知主义教学模式、再到建构主义教学模式，任何一次教学模式的转向都在不断推动语言教学向前发展。认知主义教学模式克服了行为主义教学模式在语言教学中过分强调语言的局限性的缺陷，这一模式把语言教学从仅仅关注语言转向了关注语言学习者，将语言教学生态系统扩展到了语言与人以及语言与个体生态环境的关系；同时也对语言学习环境等宏观生态对语言教学的影响进行了关注。但是存在的不足时认知主义教学模式对语言和环境的关注仅仅局限在低级层面。无疑建构主义教学模式强化了语言教学中学习者的个人经历及教学环境对语言学习的影响，然而仍然没有把语言教学纳入生态系统中进行全面、整体、动态的考察，依然具有一定程度的局限和不足。

综上所述，这三种语言教学模式仍然没有跳出传统语言教学研究的思维局限：要么从人——主体的角度出发，偏向极端的主观性，过度强调人的自主性、自觉性和能动性；要么从语言——客体的角度出发，囿于纯粹的客观性，以消极的态度看待人的他主性和受动性；要么从环境——外在的因素出发强调外因的决定性，无视语言的生成性和学习者的流变性；即使将在语言教学之列考虑了环境，也仅仅是在语言教学之中把语言环境作为语言教学的辅助条件。此外，这些语言教学模式对教师在语言教学的地位并未给予恰当的定位。总之，不论是行为主义教学模式、认知主义教学模式，还是建构主义教学模式都把语言教学的生态要素作为单独的研究对象进行考察，而非把语言、语言学习者、教师以及语言教学环境看作一个整体，全面、综合的加以论述，结果就是始终无法把握语言教学的实质，也没有办法真正找到语言教学的规律，进而找出一条语言教学行之有效的教学路径。

第三节　教师在大学英语教学改革中的机遇与挑战

一、教师肩负着实现教育培养目标的时代重任

21世纪是一个高度发展的多元化、信息化、全球化的时代，随着各国之间不断深入沟通交流政治、经济、科技、文化等领域，国际竞争日趋激烈。中国在政治、经济、科技、文化等方面的变化和飞跃发展也令世界瞩目，正在从“本土型国家”向“国际型国家”方向转变。在这种全球化背景下，中国融入世界发展体系和中华民族伟大复兴的重任亟须培育出大批量的高素质的人才。而担当这一重任就落在中国千千万万的教师的身上，需要他们为实现这样的教育战略目标做出自己的贡献。2007年8月，胡锦涛总书记在全国优秀教师代表座谈会上的讲话时明确指出：“中国的未来发展，中华民族的伟大复兴，归根结底靠人才，人才培养的基础是教育……推动教育事业又好又快的发展培养高素质人才，教师是关键”。同时2010年7月颁布实施的《国家中长期教育改革和发展规划纲要（2010—2020）》（以下简称《纲要》），也向我们展示了中国未来10年教育改革和发展的蓝图，其中明确指出：教育大计，教师为本，有好的教师，才有好的教育。随着世界范围内不断深入改革各级各类教育，人们开始越发清晰地认识到教师对于提高教育教学质量的关键作用。

中国要走向世界，世界要进一步了解中国，都离不开语言这一媒介。在这样的时代大背景下，首先承担传播英语的高校英语教师，要具备国际化的教育理念，跨学科的综合知识，使英语教学不仅仅是传授语言知识，更强调文化的吸收和传播；其次，培养具有创新精神和实践能力的“人”离不开作为教育主体之一的教师的主观能动性。所以，身处战略棋局上重要元素的每个教师都应该有自觉意识，并主动践行之。教师的自主创新、自我认知、反思实践能力、对自我角色的定位等方面是践行我国教育政策精神的关键所在。

全球化是当今世界最重要、最迅猛的发展趋势。人类科学技术的巨大进

步和社会经济的高速发展促进了世界各国人民日益频繁的交往，使其联系更加紧密，加快了经济和文化全球化的进程。随着全球一体化进程的加快，以航空业为代表的快捷交通和以互联网为代表的现代传播与通信手段使世界变得越来越小。各国人民日益频繁的交往和更加紧密的联系使人们越来越广泛的使用外语特别是英语。不同文化背景的人们从事交际不可避免的就是文化差异问题。在对外交际过程中，人们如果不了解外国文化，就不可能有效地用外语进行交际。如果中国人要学会用外语进行交际，就必须了解外国的文化，为了提高其语言能力、社会文化能力和跨文化交际能力需要不断地学习外国的语言与文化知识，了解和体验中外文化差异。只有这样才能保证在交际过程中有效地表达信息和理解信息，即保证交际的有效性和顺畅性。

外语教学法经历了以翻译法、直接法、听说法、认知法、交际法为里程碑意义的五个重要发展阶段。前四种教学法都以传授语言知识和培训语言技能为主要目的，虽然外语教材和教学过程都具有影响语言学习的文化因素，但是并没有引起外语教师和研究者的注意。直到语言交际能力理论提出，交际教学法产生之后，外语教学界学者们的视域才逐步开朗，因此很快他们意识到了语言教学中文化因素的重要性。从此，文化研究、文化差异研究、跨文化外语教学研究逐步开展起来。翻译法用于教授拉丁语已经有近千年的历史，针对语法翻译法的弊端提出了直接法是完，它是19世纪下半叶西欧的外语教学改革运动的产物。第二次世界大战后，外语教学法已成为一门科学，其发展更加突飞猛进，各种流派不断涌现。听说法的崛起从理论和实践两方面深深地抨击了通过翻译、背诵语法规则、孤立地记忆单词来培养阅读能力为目标的语法翻译法，同时也批判了完全不考虑母语在外语学习中所起作用的直接法，因此建立起以句型操练为核心并且通过反复机械模仿形成自动化习惯的教学法体系。20世纪50年代末，乔姆斯基的转换生成语言学提出了关于语言能力和语言运用的理论，并批判了以结构主义语言学和行为主义心理学为理论基础的听说法。他认为人类具有掌握语言的内在天赋，人脑先天就具有一种习得语言的机制以及天生的语言能力。语言是存在于人的内心的一种潜在结构，为了表达思想它能创造出人们从未接触过的无穷无尽的句子，而这么多的句子都是由一套语言规则生成。此后社会语言学家海姆斯在乔姆斯基语言能力和语言运用理论的基础上提出了语言交际能力的概念。从此社会语言学、心理语言学把语言看成一种用于交际的手段；把言语行为和言语活动看成满足人们交际的需要的事物；把使用语言的能力看成一种交际能力；把交际功能看作语言功能的主要标志；外语教学的目标确定为在真实情景中使用语言，通过实践学会并且掌握外语，从而培养学生的外语交际能力。社会语言学认为语言是一种社会现象，是人们用来交流思想的交际工具；语言结构和语言使用与社会有关，因此研究掌握语义比掌握语言结构更为重要。皮亚杰（Jean Piaget）等认知心理学家强调思维的创造力在学习中的重要作用。这一切又开始动摇了听说法的理论基础。在外语教学实践中听说法的缺陷就在于它只注重语言形式和句型结构，却忽略言语活动的交际情景或者上下文，进行单调、枯燥的机械操练。随着听说法的失势，以转换生成语法、社会语言学、心理语言学、神经心理学等理论为依据的各种教学法流派，像雨后春笋，相继破土而出，这些流派与听说法针锋相对。例如，以情景为中心，把语言作为整体结构进行听说活动，把声音和形象相结合的视听法；通过认知语言规律创造句子，培养交际能力的认知法；以功能、意念为纲要的功能法；通过实物、图片等直观的手段，增强学生的言语实践，减少教师讲解活动的沉默法；以学生为中心，并且重视小组活动，把教师当做顾问的咨询法；以音乐陶冶为主的暗示法；听、说、读、写并重，在情景中进行教学的统整法；以身体动作协助听说的全身法以及吸取各家所长的所谓的折中法等等。总而言之，目前现代外语教学法流派不下20种。在外语教学法史上，且在欧美和国内的外语教学界影响最大的五种主流教学法流派分别是：翻译法（语法翻译法）、直接法、听说法、认知法和交际法（功能法）。

在很多国家，文化教学相对于外语教育来说是一个棘手但是又不可避免的问题。如果只顾语言教学而忽略相关文化或只偶尔为之，语言教学则呈现片面性。传统的英语教学重视语言形式和语言技能，从而轻视文化因素。人类学、语言学、心理学、教育学、社会语言学、语用学等诸多方面的研究成果逐渐使人们意识到语言与文化的紧密关系，推动了跨文化交际的研究和文化教学。现在人们越来越清晰地认识到，跨文化交际研究和文化教学的背后有一股强大的动力——全球一体化的动力。目前语言教学与文化教学相结合已成为一种必然趋势，因此基于跨文化交际的外语教学是我们今后实践的重点。构建有效的跨文化交际外语教学模式已经迫在眉睫。

二、学生创新能力的培养呼吁创新型的教师

纵观大学英语教学改革的几个阶段，对学生的外语能力要求在不断发生变化：第一阶段突出的是学生的语言能力，特别是阅读能力；第二阶段强调的是语言能力以及应用能力；第三阶段要求学生具有语言能力和综合素质。但是长期以来，大学英语教学重视的一直是是学生认知能力、语言知识、应用能力几个方面的教育和培养，并未对学生的创新能力和素质培养给予过多的关注。随着大学英语教学改革的不断深入，越来越多的教育者意识到学生综合素质中不可或缺的乃至举足轻重的一部分就是创新能力。培养学生的创新能力不仅对学生个人的成长和发展意义重大，而且在教学实践中也有助于激发学生的学习兴趣，培养学生自主学习的能力，进而可以提升教学效果。

因此，在新时代的外语教学中学生创新能力的培养举足轻重。但采取什么样的方法培养学生的创新能力？笔者认为，首先需要做的是提升教师自身的创新精神和能力，包括教师教学理念的创新，教学角色的创新，教师行为的创新，教学方法和策略的创新，教学媒体的创新，课程设计的创新以及教学环境、氛围的创新等等诸多方面。这些创新点分布在外语教学的各个环节、各个层面，其中笔者认为对课程的认识和创新以及教学策略的有效应用是至关重要的方面。

三、新时代教学需求的变化需要教师的角色转换

根据课程论的理论，制定与修订课程目标的依据就是学生发展需求、社会发展需求以及学科发展需求。自2007年教育部高教司颁布并正式实施《课程要求》以来，全国的大学英语教学改革取得了令人瞩目的成果。不少学校建立了以计算机为基础的新课堂的教学模式，普遍增强了对大学生英语听说能力的培养，广泛实行形成性评估和终结性评估相结合的评价体系，有效促进了学生自主学习能力的发展。但是，经过10年的发展，随着这三个需求的

变化，教育教学的目标也应做相应的修订和调整。

首先是学生发展需求的变化。进入新世纪，我国的中小学英语教学也进行了巨大的改革。2003年开始推行《普通高中英语课程标准》，进入大学的新生英语整体水平有了明显的提高，但同时由于我国存在外语师资和教学资源分布不均的情况，全国英语教学质量的地区差异、城乡差异十分明显，新生外语水平呈两极分化的趋势，和以前相比学生需求的差异性大很多。这一变化产生了两个问题：其一，学生水平提高，教学内容、课程设置乃至教学方法等急需做出相应调整；其二，学生差异加剧，在目前的大学英语普遍采用大班教学的情况下，增加了教学的难度，更需要个性化的教学方法和策略。根据刘润清、蔡基刚等人先后就大学英语教学现状做过的全面并且大规模的调查显示，目前仍有很大部分学生对大学英语教学存在不满的情绪，他们认为自己付出了很多的时间和精力，甚至牺牲了部分专业课学习的时间和精力进行大学英语学习，结果却是不仅不会说、不会写，也看不懂专业方面的英语资料。另外，大学英语教师也反馈说，现在的学生不好教，不愿学，具体到课堂教学当中，睡觉、看闲书、玩手机等不良现象比比皆是。这种现象也从侧面说明了所教课程内容、课程教学方式等和学生的需求不匹配，导致学生产生厌学情绪、不满意大学英语教学的情况。

其次是社会发展需求发生变化。2004年以来，我国改革开放深入发展，整体国力不断提升，参与国际交往范围也迅速扩大，在政治、经济、军事、文化等方面的国际影响力逐步提高，已经由本土型国家转变为国际型国家，国家和社会对外语人才的需求不断呈现高端化趋势，目前急需精通外语、熟知目标语文化并具有国际化专业知识（如国际法、国际贸易法、旅游管理法等）的高端人才。另外，社会各行各业对学生外语水平的需求也呈现出多元化趋势，因此教学当中也应根据学生的不同能力和水平差异对学生未来的就业去向进行预测，进而分类指导，让不同的学生在大学英语课程和教学中都能有所获益、学以致用。

最后是学科发展需求的变化。在全球化、信息化的大背景下，英语使用的范围不断扩大，英语早已经成为国际间和不同母语者之间的交流工具。文秋芳认为，EFL的教学过分追求语言的完美性，缺乏对语言瑕疵的容忍度，并且对思想表达不够重视，已经不能满足新时代国际化交流的需要。因此，她提出了开设英语国家语的教学框架。该框架总共包括三大模块：英语国际语系统、教学内容以及教学目标。根据这一愿景，中国的大学英语课程和教学势必进行很大程度上的调整，课程设置、教学方法等也会随之发生很大的变化。

随着这些需求的变化，为了适应这些变化教师在课程教学中的角色也应发生相应的变化，教学理念、教学方法等方面也应随之改变，教师要不断调整自己，加深课程的理解，不断进行教学反思和改革创新，以期满足不同层次学生的不同需求，满足学科发展变化的需要，满足社会发展、国家战略发展需求。

在提高全民素质和实施国家可持续发展战略方面伟大祖国和伟大时代赋予了教师不可替代的重要使命。无论什么课程的实施都离不开教师这个主体，教师的专业发展不仅是社会发展对教师的期待，更是教师自身成长的内在需要，更是学生发展的榜样，是学生学习的活教材。教师自身的专业发展过程，尤其是在职成长的过程，实质上构成了一门隐性课程，对学生的发展产生潜移默化的影响，不管是对教育改革的顺利推进，还是对学生的健康成长都具有十分重要的现实意义。

第四节　国内外教师隐性课程及其研究的主要视角及不足

正如如前面所描述的，教师作为教育系统内的主要因素之一，在教育教学中起着举足轻重的作用，教师的专业和职业成长也就形成了一门系统的隐性课程。本研究所关注的是“大学英语课程实施中的教师隐性课程”，其中有两个因素，一是大学英语课程实践，二是教师隐性课程。本书主要以大学英语课堂教学中的课程实施为基础，研究教师的隐性课程问题。

就目前的研究现状来看，笔者在中国学术期刊网络出版总库中检索搜索了1990年至2013年这33年间在所有期刊上发表的有关隐性课程的研究论文。由于隐性课程的称谓相对来说较多，所以就又以其相似概念“隐蔽课程”“隐形课程”和“潜在课程”等主题词进行了相关搜索。文献检索搜集的时间为2013年7月18日，全部文献为其检索范围，匹配为“模糊”。在此条件下以“隐性课程”为关键词，检索到符合条件的论文2082篇，其中有关“潜在课程”的论文1179篇，有关“隐蔽课程”的论文332篇，有关“隐形课程”的论文155篇，以上共计3748篇。从每年的发文数量来看，呈现出逐年上升的趋势，而且近5年上升幅度较大。同时，笔者也以同样的方法对发表在核心期刊上的论文进行了相关检索，分别为有关“隐性课程”的论文550条，有关“潜在课程”的论文311条，有关“隐蔽课程”的论文105条，有关“隐形课程”的论文35条，以上共计1001条。相对于其他研究热门动辄上千、上万的研究词条来说，对隐性课程的研究处于相对冷门的地位。

笔者结合搜集到的相关的国内外研究资料，对国内外隐性课程的研究现状及不足进行一下简要概述。

一、隐性课程国内外研究现状

被认为“60年代末课程研究领域中所发生的最令人关注的事件之一”就是“隐性课程”概念的提出，有的学者认为“已成为课程理论研究的一个热点问题，而且使课程研究产生了一个质的飞跃”；国外有些学者甚至认为，继泰勒（R.W.Tyler）领导的早期“科学化课程编制运动”和布鲁纳（J.S.Bruner）领导的“学科结构运动”之后隐性课程研究是课程领域的又一次革命，“隐性课程”已经成为教育论文中一个公认的术语。此后课程领域有了显性课程和隐性课程之分，同时课程领域的研究也明显显示出两条线索。学者们从不同的研究领域对隐性课程进行研究，从教育科学领域来看，教育哲学家、课程理论家、心理学家、德育论者等从不同的学术背景参与此项研究；从跨学科领域来讲，各种研究已经涉及哲学、社会学、人类学、心理学、生物学等不同的领域；从研究地域角度来讲，对隐性课程的研究首创于美国，但是很快扩展到加拿大、英国、德国、澳大利亚、中国、以色列以及南非等诸多国家。隐性课程即将被作为一个重要领域来研究，同时也被看作一种研究视野或途径。人们对隐性课程的研究兴趣与日俱增。

对收集到的文献进行综合归纳后，研究者发现国内外学者对隐性课程的研究主要集中在隐性课程的概念的界定、作用和功能以及隐性课程和显性课程的关系等几个方面，当然有的文章还涉及隐性课程的建设和实践研究。在理论总结和实践实证的基础上前期的隐性课程研究者不断完善自己的概念界定，辨析隐性课程与显性课程的关系，进而形成自己的理论体系，主要集中在20世纪60—70年代的美国，而后很快发展到欧洲、亚洲和非洲等地区，形成了一批隐性课程研究学者，如Jackson、Martin、Greeben、Vallance、Apple、JeanAnyon、HenryGiroux、DavidGordon等多位学者，在这过程中形成了一定的理论流派，即社会批判学派、现象诠释学派和结构功能学派三大学派。在这一时期，还有一些学者从不同视角展开了实证研究，涉及隐性课程的方方面面，比如课堂中的隐性课程，教材中的隐性课程，日常英语中的隐性课程，测试中的隐性课程等等诸多方面。

直到20世纪80年代，隐性课程在中国的研究才逐渐兴起，但这一阶段的研究对隐性课程在中国的研究发展产生了里程碑的意义，我国出现了一些专门研究隐性课程的专家学者，这些学者中大部分在研究中集中在对国外学者隐性课程研究进行总结、归纳以及分析国外学者对隐性课程的含义、功能、研究流派等方面，然后在分析总结的基础上提出自己的一些独特的见解，在原有隐性课程界定的基础上给出自己的界定标准，进而提出隐性课程研究的重要意义。他们在不断总结前人研究理论成果的基础上也形成了个人的观点和看法，以专门的论文或专著发表或出版辅之，以台湾学者的研究最为活跃，如台湾学者陈伯璋、黄政杰、林清江、汤志民、欧用生等几位学者。对隐性课程进行专门研究，大陆学者也不少，主要有吴也显、唐晓杰、田慧生、陈玉琨、郑金洲、张东娇、刘根平、班华、靳玉乐、李复新等人。这一时期也有很多学者虽然没有专门著文论述隐性课程，但在其著述中从课程论的视角对隐性课程也进行了不同层次的论述，除了前面的学者外还包括钟启泉、施良方、张楚廷等人。

进入新世纪，国内外对隐性课程的研究内容发生了转变，除了理论综述、对前人研究的总结以外，更多地开始走向隐性课程的微观研究或者实证研究，如隐性课程的德育功能、隐性课程与校园文化建设、隐性课程的建设、开发和应用等方面的研究。

不同背景的学者可以从不同的视角探究隐性课程，因此见解也各不相同。作为整体课程的一种表现形态和组成部分，隐性课程从方方面面影响着学生的思想意识、道德情操、人格形成、学业成绩以及学术成长等诸多方面，它是一把双刃剑，既有积极的一面，当然也存在消极的一面。因此，在对隐性课程进行研究中，很多学者分析其消极、负面的影响，并试图提出一些消除负面影响的解决办法。学者季诚钧认为，隐性课程中一些预先没有意识到的因素，如师生关系中的教师权威、教材中的意识形态、校园中的性别歧视等因素都可能在高等教育过程中产生消极负面的影响。还有学者从性别角度研究隐性课程。

就外语隐性课程研究来讲，国内的研究论文并不多。为了了解外语隐性课程的研究现状，笔者在中国学术期刊网络出版总库论文数据库中检索搜集了1990—2013年在所有期刊上发表的有关“外语隐性课程”的词条（范围为“全部”，匹配为“模糊”），搜索到相关研究论文共计223篇，进一步进行搜索，核心期刊研究论文共计41篇。这些核心期刊论文大都是2000年以后发表的，而且很少有大师级学者对其进行论述，论文大多是关于开发、建设的实证性文章，从某一个角度分析在英语教育中如何挖掘并充分利用隐性课程当中的积极因素，逐渐培养学生的英语学习兴趣，提升学生的英语学习的动机，从而不断提高英语教育教学质量，范围涵盖中小学到大学的英语教育。但是重复研究的情况比较多，缺乏具有示范意义的研究成果。把隐性课程和大学英语教学结合起来的研究就更是少之又少。

就笔者所要研究的主体和对象（教师隐性课程）来讲，笔者也进行了相关引擎搜索，结果显示和“教师隐性课程”“教师潜在课程”“教师隐蔽课程”“教师隐形课程”等有关的核心期刊研究论文共计282篇，但其中大部分只是研究“教师在隐性课程中的作用”“教师如何开发利用隐性课程”等问题，有些论文只是提及了“教师的隐性课程”这一概念，并未对“教师隐性课程”的概念做出明确的界定、描述或提出独到的见解，因此大部分论文并不对“教师隐性课程”这一概念的搜索起到统计效果和意义。

二、国内外隐性课程研究的不足

从前人对隐性课程与显性课程的关系、概念界定、特征价值等方面的研究和论述来看，他们研究的侧重点在于以下几大方面：一是隐性课程的情意、道德等方面对学生的影响；二是隐性课程的非学术性方面的研究；三是宏观层面的隐性课程研究；四是隐性课程的辅助功能研究；五是从学生所获得的经验角度的研究。

到目前为止，笔者认为这些研究的缺陷主要存在以下几个方面：一是虽然经过了近半个世纪的研究，但隐性课程的研究仍然处于起步阶段，存在较多的宏观的理论阐述，而且理论上并未达成共识，也没有形成较统一的理论体系，无法给后续的研究工作提供较为明确的研究方向；缺乏高质量的并且切合实际的微观的实证研究，研究范围和内容也不够完整，涵盖的面宽广度也不够；二是过分强调隐性课程的情意、道德、价值观方面的作用，强调隐性课程对校园文化的影响，突出隐性课程非学术性的一面，然而对于隐性课程学术性影响的研究仍然处于“口号式”的而且研究中“一笔带过”的无实质性深入研究的阶段；三是针对课程实施过程中的隐性课程的内容、策略、方法等方面的研究几乎是空白；四是大多数是从受教育者的角度进行研究和论述，而从教育者角度论述和研究的则几乎没有；五是很少从隐性课程评价及其评价维度与标准的角度进行研究，因为大多数的研究者都认为，鉴于隐性课程的特点和功能，是无法进行量的衡量和评价的。

基于存在这些研究问题，研究者结合自身教学经历和对隐性课程理论的理解并结合目前大学英语教师发展状况，可以选取“教师隐性课程”这个切入点，隐性课程的研究侧重于大学英语课程实施与教学中教师在学术性与非学术性方面，而且更应当侧重于学术性层面的研究，最终的目的是提高学生的英语语言运用能力，进而促进教师的自身成长和专业发展，从而提高大学英语教育教学质量。

第五节　大学英语教学内容的改革

大学英语教学改革的核心部分就是大学英语教学内容的改革，其中涉及大学英语课程设置和大学英语教材的改革两个方面。围绕通识教育视角对大学英语教育教学目标的进行内涵界定，通识教育视角下教学内容的改革包括以下四方面：

一、设置丰富多元的大学英语课程

如果大学英语课程设置要改变传统的清一色综合英语类课程的局面，可以根据不同的教学内容来设置英语课程，主要有四大类：第一类是“综合英语类”，这是基础阶段的内容，第二类是培养英语听说读写译五大技能的“技能实践类”，第三类是涉及中外历史、文化、文学、艺术等人文知识的“文化修养类”，第四类是涉及商贸、广告、旅游、宾馆、文秘等多方面的“实用英语类”。

二、促进跨文化的大学英语教学，加强人文教育，提高文化修养

学习外语的最终目的应当是学习外国文化，所以外语教学注定是一种跨文化的教学。然而，由于激烈的就业竞争带来的巨大压力，导致了目前大学英语教学存在着较严重的功利性和应试教育倾向等问题。调查发现学生和教师都非常重视对培养英语综合应用能力，特别是学生对学习英语的“实用性”尤其在意，因此技能实践类和实用类英语课程大受欢迎，这其实与现行《教学要求》规定的教学目标是一致的。但是，从长远的培养具有较高文化修养和宽广知识面以及跨文化交际能力、懂得为人处世和享受生活的高素质的社会公民等多方面的人才目标来看，加强文化修养类课程教学是十分必要的，设置一定比例的此类课程，并规定高水平层次的学生必修一门到两门此类课程，对于低水平层次的学生就可以在基础英语教学中突出文化背景知识的教学。

三、丰富教材内容，突出人文特色，教材与时俱进

原则上编写教材应考虑下列因素，即有利于学生提高文化修养、拓宽知识面、培养跨文化交际能力三方面，因此文章的题材最好兼顾人文类、娱乐类和科普类，其中应当以人文类题材为主流。此外，应当加快大学英语教材的更新速度，不断缩短更新周期。教师可以借鉴MIT外语教学的特色，在大学英语教学中不断补充最新并且最真实的材料，如结合热门话题、国内国际时事等联系实际的教学内容，使学生在学习语言的同时哈能吸收丰富的知识，养成勤于思考的习惯，无形中促进中学生自身综合素质的提升。

四、加强大学英语教学的隐性课程，创建有利于大学英语教学的校园文化

通常意义上的大学英语课堂教学被称作显性课程，隐性课程其实是通常所说的“第二课堂”。我们是在非目标语的大环境中进行英语教学，如果定期在全校范围内开展英语和外国文化交流月活动，同时可以邀请中外名人参与交流，或者举行英语电影节，并组织各种英语讲座、竞赛和娱乐活动，能够让学生在轻松愉快的氛围中使用英语交流，这样不仅有利于学生在有限的大学英语课堂教学之外了解世界各地文化，还能提高学生的英语综合应用能力以及文化修养。

第六节　大学英语教学改革的保障体系

大学英语教学改革的保障体系涉及大学英语教学模式、教学方法和手段以及教学评估标准的改革等几方面，具体改革方案如下：

一、因材施教，分层教学

随着我国大力发展中小学英语教学，大学新生整体的英语水平不断提高，对很多大学生尤其是重点大学的新生来说，以前规定的两学年的基础性

综合英语类课程已经远远不能满足他们对英语学习学习的需要。但是，中国的教育如同经济发展一样，存在着明显的城乡、地区之间的发展不平衡，来自穷乡僻壤地区的大学新生仍需加强基础英语的学习。考虑到大学生个人英语基础以及个人对英语学习兴趣的差异，有必要为不同层次的学生开设不同类型的英语课程。具体实施方案如下：

大学新生入校后可以首先参加英语分级考试。根据不同学校大学英语师资及学生整体水平等情况，同时参考学生的英语分级考试成绩，可以将学生分成不同层次，比如说第一层次必修四学期综合英语类课程；第二层次必修两学期综合英语类课程，其余两学期，学生可根据个人喜好和需要选修包括“技能实践类”“文化修养类”和“实用英语类”在内的其他各类英语课程；第三层次从入学开始，可直接选修其他各类英语课程。不同层次的学生在修完四学期大学英语课程之后，可以很好地衔接学习专业英语课程。

二、开展形式多样的互动合作的英语课堂活动

广受欢迎的课堂活动形式包括小组讨论、演讲、辩论赛、角色扮演、短剧表演、师生对话交流等多种形式。上一章的调查结果显示，形式各异的活动，特别是“小组活动”，既可以调动学生学习英语的积极性，又为学生学会与人交流交际和养成合作精神创造了良好的环境，其意义显然已超出了语言学习的范畴，更重要的是让学生在英语教育教学中学会做人。

三、布置“任务型”活动

引导学生开展跨文化、跨学科的自主学习和研究，由于英语课堂教学时间非常有限同时为了培养学生自主学习的能力，大学英语教师应设计“任务型”活动，可以让学生课外完成，作为课堂教学的延续。在内容上应考虑跨文化的特色，在方法上应考虑跨学科的特色。比如商务英语课程中，教师可以引导学生用英语推销自己想象的产品，这种产品可以是实物商品，也可以是旅游产品，甚至可以是一部影片或文学作品。营销手段可以选择做广告，产品介绍会等多种方式。在教师的启发之下，学生的思路更加开阔，完全可以根据自己的喜好，在创新型的学习和研究中提高综合应用英语的能力，这

样不仅提高自主学习的能力还提高了学生的综合素质。

四、建立网络自主学习与面授辅导相结合的教学模式

开展基于网络多媒体的大学英语教学，“合理继承现有教学模式的优秀部分”是十分必要的，在传统教学模式的基础上融入现代教育技术，可以尝试建立网络自主学习与面授辅导相结合教学模式。

具体方案如下。

网络自主学习与面授辅导相结合的教学模式

<table>
<tr><th>时间分配</th><th>教学形式</th><th>教学任务</th></tr>
<tr><td>2学时/周网络课</td><td>基于网络的自主学习进行指导和约束：教师确定教学任务，学生根据自己的进度完成任务</td><td>听、读、写为主
★教材听力部分
★教材课文结构分析
★教材课文语言点
★VOA新闻
★讨论板讨论并回帖
★webquest
★英文歌曲及练习
★写作任务
★回复美国笔友邮件</td></tr>
<tr><td rowspan="2">2学时/周面授辅导课</td><td rowspan="2">根据具体的任务辅之以辅导课：以教师辅导、答疑、检测和学生口语、写作练习为主</td><td>说、写、测为主
★口语活动
★语言点讲解
★阅读技能讲解
★构词法讲解</td></tr>
<tr><td>★翻译技能讲解
★合作修改作文
★作文讲评
★单元测验
★教师答疑</td></tr>
<tr><td>课后作业</td><td>自学和合作学习相结合：互相监督完成各项作业，然后教师进行检查</td><td>读、说、听、写
★课后练习
★熟记单词
★补充阅读及练习
★名言名句
★补充听力练习
★准备口语活动
★合作修改作文</td></tr>
</table>

五、缩小考试成绩比例，加强对平时英语学习的考察

可以尝试取消大学英语期中考试，不断缩小期末考试成绩占学期总评成绩中的比例，不断加强“形成性评估”的力度。平时英语学习的考察内容应当包括对学生学习态度、自主学习能力、跨文化交际能力、口语和书面表达能力、知识面、课堂活动参与程度、完成小组活动的态度和效果、学习任务的展示等诸多方面的考察。

六、加强大学英语师资培训

（一）提升大学英语师资培训的国际化。

一支高素质的外语教师队伍深深影响这外语教学的改革，他们应该具有熟练的外语语言水平，而且应当具备丰富的知识面和一定的综合素养，更需要具有先进、国际化的教育教学理念，因此我们应当对大学英语教师提高国外培训的力度，进而扩大覆盖面。

（二）提高大学英语教师信息素养。

为大学英语教师提供信息意识、知识以及技术等相关培训，组织教研活动，帮助教师结合教学提高信息获取能力，最终提高教师的信息素养，应当做到以下两方面：一是，教师应该树立先进的现代教育观念，认识信息素养的重要性；二是，教师应该在教学实践中加强整合信息技术与大学英语教学。

从通识教育视角探讨中国大学英语教学改革的研究目前仅仅是一个初步尝试，该研究能否发挥价值，将有待全体大学英语教育教学工作者的共同努力，特别需要指出的是文中所提到的一些密切相关的课题还需要做深入细致的研究。因此，从通识教育视角实施中国大学英语教学改革的工程仅仅刚开始，笔者不仅作为一名大学英语教师，同时又是高等教育专业的研究生，为了不断深化中国的大学英语教育教学改革，将继续开展一系列的研究，其中包括大学英语课程设置研究，大学英语隐性课程研究，教材研究及编写工作，网络英语课程教学模式、网络多媒体教学管理研究等多方面。

第三章 高校英语教学中的理论应用研究

第一节 高校英语教学中对话理论的实践研究

大学英语教学承担着培养应用型以及创新型英语人才的使命，对于英语人才的培养面临着严峻挑战，只有结合相关理论对大学英语教学模式进行分析与研究，并总结出一套符合我国英语人才发展的教学模式。在当代国际交流中，“对话”一词得到很高频率的使用，国际事务也因对话的频繁进行而获得顺利解决，对话已经成为国际间的流行趋势，而在各种国际间的商业活动中也是以对话的方式进行。

一、解读巴赫金对话理论

对话主义是俄罗斯20世纪的文艺理论家以及文艺学家、批评家巴赫金的理论，该理论认为，人无论和他人之间还是和自己之间，都需要一个对话的过程，这也是最基本的人类生存方式。但是对话必须在同样的环境里进行，且保持自由、开放以及平等的氛围，对话双方都可独立地且真诚地将自己的声音发出，双方还要能够彼此倾听。在巴赫金的理论中，开放的对话语境、平等的对话主体以及拥有多元化思想的对话主体。正是因为对话过程的双向性，产生了更有成效的沟通与交流。要想让语言拥有真正的生命力，对话必须是双向的。能够使人们的思想进行碰撞，使人们的交流愿望得到激发，对话才会有真正的意义。对话还会促使人与人之间联系及理解得到加深及进步。由于人处于多样化的社会关系中，相互间的对话率越高，那么就会产生越多的社会经验，对事物就会有更加深刻的理解，也会使自己的思维方式以理性取代感性。

1. 高校英语教学问题

虽然高校在英语教学方面的探索与实践改革没有间断过，因为受到某些现实条件的影响，仍然有很多教学问题存在着高校英语中。其中，由于英语教师没有能够深刻认识到高校培养英语人才的重要性，所以，往往将英语看作一个冰冷的语言工具进行交流，仅将英语看成组合的文字符号，关注词汇及语法知识的传授，却不能培养其态度情感，对英语的品味及欣赏能力也因此失去了。另外，教师在当前的英语考核模式下，只能把大多数的教学精力放在英语等级考试上，而无法真正地关注学生的英语语言修养，更无法对精彩的英语内容、广泛的英语题材以及形式丰富的语言表达进行深度挖掘，这就在英语教学中产生了一些问题。

（1）英语交际能力被忽视，英语基础知识教学被过度重视

英语基础知识的范围比较广泛，例如英语表达形式、词汇数量以及语法在英语中的使用原则，这些知识可以为英语学习打下基础，这是学生们所要经历的必然阶段。所以，教师在传授英语基础知识时非常重视，但是，仅掌握这些知识并不代表能够学好英语，因为要运用好英语，其涉及到各种各样的因素，只有将这些因素牢固地掌握，且有一定程度的实践经验，才能更好地拥有英语综合运用能力。由于过度关注英语基础知识，多采用灌输式的教学方法，使教学重点偏离，导致教学结构的失衡及偏差，无法全面提高英语实际能力。

（2）单一的教学方法及传统的教学理念

教师如果主导课堂教学，就会在传授英语知识时表现出权威性，这也导致了学生与教师互动活动非常少的原因，同时也造成了教学方法上的单一，学生的在学习英语上的需求无法反馈给教师，而教师仅执行教学计划，也无法对学生真实的英语学习心理有所了解，教师的教与学生的学就像两条平行线，无法实现相交，无法彼此促进。虽然对英语应试技巧教师比较重视传授，却在培养学生实际的英语应用能力方面忽略了，导致学生不能在英语应用能力上有全面的提高，使英语实际能力欠缺。

（3）师生的自由发挥受到教学环境的限制

当前，高校学生数量受到扩招的影响而持续增加，但是高校的硬件设施

却无法跟上学生增长的数量，而英语教学的有序性以及教学效率都需要硬件设施来保障，高校的竞争力及自身实力也需要籍此获得提升，对教学环境质量进行衡量的参考指标也包括教学硬件设施。学生人数的大量增加，无论在教学设施还是教师数量方面都无法得到满足，因此对教学质量也产生了严重影响，由于受到课时的限制，师生以及学生间的交流及讨论活动都减少了，学生无论是进行自由学习的空间还是进行课堂思考的空间都缩小了，教师与学生在教学环境的影响下，其自由发挥受到了严重限制。

（4）教师专业水平受到挑战

语言并不是固定不变的，而是会跟随着时代的发展而有着相应的内涵与发展，所以，教师要对这些英语词汇及其用法、涵义不断地学习，以跟上时代发展的潮流，并在教学过程中不断地传授给学生。如果教学任务过于繁重，教师就没有时间学习，其英语专业水平就会在教学中受到挑战。因此，教师要不断地使自己的专业素质得到提升，并引导学生们对英语视野持续拓宽，这也是增强英语实际能力的一个途径。

2. 高校英语在对话理论下的教学路径

对于高校英语教学，巴赫金的对话理论能够起到指导作用。只有建立起有着平等师生关系的对话精神，才能培养出应用型的社会需求人才。

（1）教学理念的对话性

互动、平等的对话关系是在师生之间建立起来的，教师的自我中心观念就必须在教学中转变，实现对话主义理论的平等性，并以平等的态度及角色解决学生学习中的各种问题。在教学活动中，教师要将学生看作教学伙伴，而不是以居高临下的姿态从事课程设计与教学活动。教师不能把自己的思维方式强行传授给学生，而是要尊重学生的思维方式，并使他们的思维得到积极的拓展。在对话中，教师与学生才能够彼此交流、彼此理解，实现良好的教学氛围，学生与教师都能够在传统教学模式中得到解放，对英语知识进行共享，尤其是得到释放的学生思维能够使教学环境获得活力与生机。

互动性的教学方法。只有学生在课堂教学中被赋予了话语权，其与老师之间的互动性才会得以增加，而且，学生在课堂中的话语权也是其与教师平等关系的体现。教师要善于挖掘教学中的对话问题，且采取不同的方法及策略来解决不同的问题。尤其要在提问中掌握张弛有度，使学生可以以不同的视角对该问题进行思考。互动性的教学方法要在教学中实现顺利实施，对学生表达意见和观点的意愿进行鼓励与肯定，且及时反馈学生的表述，并对这些表述提出鼓励及肯定的意见，如果学生观点中有不足的地方，教师要对其进行补充，使师生间的对话得到增强及延续。通过课堂讨论以及各种比赛等方式对学生的自主学习能力进行不同程度的培养，使理性的学习方法及学习态度得到明确。

（2）对话社会

尽管是高校教学，但是教师也要在学习及教学中与社会对话，对社会人才需求目标有一定的了解，从而使教师明确及掌握英语人才培养目标，使自身的英语学习不断加强，使自己的专业水平得到不断地提高，以跟上教学以及人才培养的目标，并在教学中实现对学生的正确引导。对话社会的目标，就是让英语教学摆脱应付考试这一狭隘的观念及教学模式，使学生对学习及考试有更加正确的态度，以适应社会对英语人才培养的需要。学生也要对社会需求有所了解，对社会人才需求趋势进行时刻关注，将学习实践与基础知识结合起来，使英语应用能力得到持续提高。

高校英语教学受到对话理论的启发，使教师与学生之间的对话活动得以实现，从而使教学目标得以明确及顺利进行。通过与社会对话，使社会实践对教学培养目标进行指导，并对教学效果进行实践检验。巴赫金的对话理论在教学上提出了一种全新思维模式，在实现对话平等上，才能实现对话的共鸣性与多元性。

二、对话理论辅助高校英语教学探索及改革

高校英语教学因为社会对英语人才的需求而需要进行持续的创新与改革，这也是人才培养目标与社会需求契合而产生的教育方向，更是高校人才教育的发展趋势。而对话理论能够辅助英语教学进行改革，使之得到更好的改善与发展。

1. 高校英语教学现状

（1）不科学的教材编写：英语教材能够在教学活动中发挥非常重要的

作用，英语课程以及教学内容也都是通过教材决定。传统教材无法适应社会对英语人才的需要，只有重新合理、科学地对教材进行编写，并使教材体现出社会对英语人才的需求标准，在对教材内容丰富的同时使教学效率得以提高。当前的教材对语法重视，但对英语整体运用能力有所忽视，这也是对英语教学形成阻碍的原因之一。

（2）不规范的课程设置：尽管以语言运用技能为英语教学培养目标，但是在教学实践中却涉及到英语实际运用技能的却比较少，即使在授课中，教师也是以中文加英文的方式进行教学，且大部分采用中文对教材进行讲解，学生对英语的理解与掌握也仅限于语法、词汇、句型，对英语文化以及实际运用技巧却很少涉及，学生无法从更深的英语层面上去掌握知识，更无法发挥英语的优势。还有一些高校把英语作为选修课，导致学生对英语学习不积极，使英语能力及英语准确性降低，学生在掌握英语语言能力方面也受到影响。英语课时安排也不合理，口语训练及翻译训练都很少，外教课程缺少。

（3）不合理的课堂教学：由于课堂教学在高校英语教学中占主要位置，而这种讲解、传授式的英语无法使学生的英语学习质量以及英语学习效率提高，很多时间浪费在语法讲解上，学生实践英语听、说、译、写、读的机会非常少，由于时间所限，学生与老师间也无法形成交流与互动，课堂效率因此无法提高。

2. 英语教学改革策略

（1）对话理论在课堂教学前的准备：对话理论渗透于英语教学的不同阶段中，教学改革的目标也因此得到有效实现。在进行课堂教学前结合对话理论，可使英语教学活动能够得以顺利进行，例如英语教材的编写、教学大纲的编写以及教学活动过程中采用相应的教学设施。由于教学活动受到教学大纲的直接指导，所以以对话理论来改革教学大纲，使英语教学内容与教学目标与社会发展需求保持一致。在制定教学大纲时，要明确英语教学的任务及其教学活动设计，使英语在社会中的实际用途得到明确。师生间的互动活动也要设置在大纲中，同时使学生对对话理论的运用能力得到培养，真实性也是编写教材时需要遵循的原则，而教材也要设计成方法科学、手段现代化以及教学理念正确的实用型教材。通过网络、纸质杂志以及图书馆等资源渗透于英语教学中，使学生能够对主观能动性进行自由发挥，并对这些英语资源及信息进行整合收集，学生对学习英语的兴趣也会因此受到激发。

（2）对话理论融入于课堂教学实践

英语教学以及改革的重点即是英语的课堂教学，并将对话理念融入到课堂教学中。在对改革策略进行选择时，一定要注意与高校的实际情况结合起来，并合理、科学地使教学课时得到相应的安排，口语课、写作课以及听力课、阅读课都要进行合理分配，听力课的教学要建立在对话理论的基础上，对于传统教学中的弊端教师要勇于摆脱，并将对话理论应用于新教学模式中，而学生则要多听英语演讲、英语广播新闻、英语日常对话以及英语广播新闻，英语的习惯用法以及发音特点都要让学生去真实地感受。学生对于英语课程有哪些想法？哪些建议？教师一定要鼓励学生表达自己的看法，同时更要注意倾听学生对于教学的意见和建议，使师生间的课堂互动得以增加。在教学中，教师最好采用全程英语的方式进行教学，这就需要教师持续地学习，并让自己的英语专业修养得到提高，以从事全程英语教学工作，使英语课程内容要不断地丰富，对学生的写作、听说练习进行鼓励，使学生们喜欢用英语表达，喜欢听英语和说英语，在这种状态下，学生的英语实用能力自然会得到提高。

（3）对话理论在教学反馈中的作用：在英语考试后，教师对学生的考试心得以及对试题的建议，教师要进行充分了解，并在以后的试题设计中进行调整，适当添加一些热点话题到试题中，且对试题设计进行持续改进。英语教学进行改革的具体策略可通过对话理论来实现，并对教学改革设计相应的参考与建议，使高校英语专业得到促进与发展，使之与社会发展相符。

三、对话理论应用于英语教学改革

对话理论在英语教学中体现出开放性的特点，同时更反映出平等性的特点，因为对话需要在平等关系下才能顺利进行，因此，在英语教学改革中，对话理论的应用会发挥非常重要的作用。

1. 英语教学对对话理论的应用

（1）英语教学改革应用对话理论的必要性

①对话理论因实用性决定其特点

平等性是对话理论的第一特点，因为它对各方站在自己角度抒发见解能够提供保障。开放性是对话理论的第二特点。因为独立性的存在，导致各个不同主体不会产生重合的思想现象，彼此间的探讨也可以相应展开，开放性还可以对各个主体的思想进行促进与完善。对话理论无论在研究角度还是研究方向上都体现出多样化的特点，覆盖着非常广泛的范围，使社会学方向、语言学方向、哲学方向以及心理学方向、教育学方向、文学方向等。

②英语教学对对话理论的需求性

为使培养英语人才的目标在教学中得到明确，教育部颁发的大纲对人才培养目标作了相应的规定，并明确对复合型高级英语人才的培养，所以，英语人才在教学中要侧重教学方法的改进。

英语人才培养与教学目前并没有与社会需求衔接起来，这也导致了教师在课程设置上与社会对英语的实际运用产生脱节的现象，这就造成学生英语知识结构上的不平衡，从而无法与社会需求衔接。还有一些教师并没有多少教学经验，导致师生间有效互动的缺乏，学生掌握英语知识也会出现不牢固的现象。因此，对话理论也反映出了英语教学的发展趋势及需求性，其在英语教学中的应用也是必然趋势。

（2）准备教学活动

教学大纲在总的方向上对教学目标及教学方法提出了要求，且以教学材料作为教学活动的支撑，而教学也会因此取得相应的效果。因此，教学前的准备活动在英语教学中发挥了不可忽视的作用。

①制定教学大纲

教学大纲对大学英语教学的指导作用也是一种对话，而英语教学的多元化也因此而实现。对传统教学大纲不能全部否定，而是要对其中的优点进行吸收与借鉴，并在新的教学大纲中应用对话理论，使大纲在原有的基础上获得优化。

②编写教材

在编写教材时，其内容应该符合教学大纲的要求，且将包含对话理论的教学资源筛选入教材中，以服务学生、培养学生为编写教材的目标，结合学生的特点与个性，并在编写时以学生未来发展与英语培养方向为标准，同时，英语教材还要有一定程度的知识广度与思想深度，使学生能够充分思考文化、社会以及经济发展问题，这也是促进学生探究及创新能力得到提升的原因。

（3）实施课堂教学

①实施英语词汇教学

词汇教学在英语教学中是极为重要的，因为词汇是构成句子表达的基本元素，因此，教师在对话时要针对英语词汇的环境进行教学，而不是对某一个词汇进行单独讲解，必须结合词汇的使用环境讲解，使学生通过翻译掌握新词汇的使用语境及其意义，并在对话实践中使学生掌握词汇的使用情境。

②实施其他教学

英语教学中，无论是读的能力还是听的能力，无论是写的能力还是说的能力都非常重要，此外还有进行翻译的能力也比较重要。教师为了使课堂思路完善，可以在教学中采用对话理论，在这一过程中，开放性的材料是必须强调的，多样化的教学材料必须保持，教学活动仅限于教材，对英语能力的培养必然会受到约束，使英语实际能力无法在结构上实现平衡。所以，教师要将电影、时事新闻以及最新的演讲资源提供给学生，使学生们能够对英语语言运用方式有一个全方位的掌握，使学生的思维能力得到挖掘与发展。

2. 对话主义理论有哪些依据

我国语言教学体制的标准化，使学生的呈现出模块化、规范化以及机械化的审美方式，正是因为这种单一的思维方式使想象力枯竭，并约束了思维的发展。

（1）英语教学里的对话理论

当前，国际使最广泛的对话语言就是英语，只有培养了英语实际运用能力，才能在工作与生活实践中熟练地使用英语。由于目前大学英语教学体制的原因，受到教学观念的影响，在教学中受到重视及考核的多是英语语法知识以及词汇用法，英语的听、说能力，还有英语的使用背景文化，在英语实际能力的培养上都是非常欠缺的，而且在考试中对这些知识的考核也比较少，使英语在实际情境中运用的能力无法得到快速提升。虽然高校在教学中也对英语的听说技能进行一定程度的训练，但却缺少宏观文化背景知识的传授，英语语言缺少情境化的运用环境，往往就会成为“中国式”英语，在英语表达及理解上出现错误。

（2）审美观的教育

尽管审美属于哲学的范畴，但是这个概念在生活及教育中都是无所不在的，能够处处反映出审美思想的存在，审美即是一种感性行为，也是一种理性思维，既体现在生活中，也体现在人们的思想感情中，审美实践能够使人们的心灵及情操得到升华，使对美好事物的鉴赏力及感受力得到提高，而人们在行为上也会对美的原则自觉遵守，其在工作与学生中的创造力与主观能动性也会获得更好的发挥。

（3）对英语规则及英语语言符号的重视

在实际的英语教学中，很多教师对英语语法及词汇的使用规则是重视的，并重视语言符号的传授，但对英语所承载的审美功能以及背景文化却有所忽视，所以给予的重视不够。因此，在教学内容的编选上，教师可以选择一些有着丰富文化内涵及多样化表达形式的英语材料，或者选择一些能够对社会影响深远或者内容经典的篇章，这也是实现英语实际能力培养目标的一个途径，学生的语言技能不仅能够得到相应程度的训练，而且还可以在学习中掌握相关的英语应用文化背景，并对英语使用情境情况有一定程度的掌握。同时，使学生的审美意识、分辨能力得到启迪与培养，并在教学中使学生的审美意识得到实践。但是，一些教师却过于重视四六考试通过率，而对英语实际运用能力却不重视，从而在英语教学上中产生狭隘与偏颇的教学观念，使英语教学偏离实际应用的轨道，这也是审美教育在英语教学中面临着很大的挑战，并对英语背景文化的理解与掌握产生影响。

①对英语微技能、微知识教学的重视

要学好英语，其前提是对英语有微观层面上的理解与掌握，尤其是对于基础知识的理解与掌握，而英语语法与英语词汇是进行英语交际的基础，要使学生自由地运用英语语言，就要对学生的各项英语技能进行不同程度的训练，这也是使英语应用能力得以提高的必要条件及必由之路。不过，这些微观层面上的英语知识并非是英语学习的全部，作为一种语言体系，英语中包含着复杂而庞大的知识分支，若教学仅以语言技能训练及基础知识为重点，那么对篇章的文化内涵以及思想意义就无法深入理解，英语课程在语言审美上的功能也从而被忽视掉了。而如果在教学中忽视了思辨能力的训练，学生对篇章的主旨就无法领会，就英语整体素质的教育就会受到影响。

②灌输教学方法仍然在教学中存在

尽管大多数高校采用了多媒体技术方式进行教学，但是仍然有一部分老师在教学中忽视学生对英语的实际运用水平，且不提供机会给学生参与课堂教学，虽然在教学中讲解了很多单词在在造句以及词性上的用法，但却无法让学生在实际交流中应用，在对一些试题讲解时，答案往往是唯一的，而且学生们对这些答案就算不理解，也要死记硬背，无法对试题进行深入的探讨与理解，这也造成了学生对英语知识的不求甚解。审美的过程也是对美进行理解、感受以及接受、享受的过程，所以审美目标的实现需要很长时间，不是会做几道题就可以完成的。

（4）英语审美策略

英语审美问题是一个被长期忽略的问题，但是社会对技术型、创新型英语人才的需求，需要英语人才有审美的能力，这就需要培养学生的分析能力、辨识能力以及鉴赏能力，从而提高审美以及语言文化意识能力。

①对话文本

要提高英语语言的审美能力，就要培养学生们会分析文章，有语感，会欣赏词语之美，并对词汇、句子所承载的文化之美有所感受。只有感受到篇章的语言之美，文章的生命力才会体现出来，教师的职责不是仅教会学生认识英语字符，而是要教会学生体会文章的意义及思想、情感，这就需要学生有与篇章进行对话，能够体验篇章语言的能力，尤其是对篇章思想、文化的感悟。

学生要想实现与文章作者思想的交流，首先就要与文章进行对话，即了解文章所表达的内容及内涵，而仅仅了解字面意思是无法做到这一点的，这就需要学生运用审美能力，从字面到内涵对文章内容进行理解与掌握。阅读者对文章的对话与理解必须在平等的关系下进行，阅读者的思维能力、审美能力越得到拓展与提高，其对文章的对话能力也就越强。

②对话教师

英语教学也是一个发现语言美、认识语言美以及欣赏语言美的过程，这就需要教师在教学中引导学生建立多元化思考以及多元化文化意识，同时，学生也要展开与教师间的对话，并在理解文章上展开交流，站在多元文化的角度对文章意义及内涵进行理解与掌握。教师还要在教学活动中发挥导演以及向导的作用，与学生们共享侧重及层次不同的理解方法，文章等的外延与内涵要在与学生的对话中起理解与剖析。

审美是一种需要发挥想象力的教育，如果思维受到禁锢，那么审美能力及审美方式都会受到影响，审美效果、审美质量也会有所降低。另外，由于不同的成长过程，不同的家庭背景，不同的成长环境，不同的教育经历，学生对于英语文章的阅读与理解也会有所不同，当然会对文章产生不同的体验与审美。在教学中，教师要注意对学生的意见或建议注意倾听，理解他们对英语学习的看法，在这一过程中，教师要把自己看作教学整体的一部分，能够以平等的姿态与学生对话，而不是以老师的权威面对学生。教师要启发学生对不同的知识进行探索，使学生摆脱思想上的束缚，积极探索各个精神层面的知识，并使学生的审美思维及审美能力得到巩固，其终极目标是发挥学生的创造性及能动性。

第二节 “文化导入”理论与实践分析

英语教学中的文化导入理论是一种仍在研究、探讨中的理论，其目标也是人才培养要与社会发展相符，其基础则是对英语应用能力的培养与提高，实现跨文化交际能力。

一、文化导入理论在英语教学中的实践

学习英语专业的大学生，尽管在基础知识方面比较扎实，却在实际应用中遇到一定障碍，例如无法撰写产品介绍、外贸合同、专利说明、宣传文章及专业信函等，就算写了也是中国式英语，使英语国家的人看了不知所云，甚至会闹出误会和笑话，这都是缺少实际英语运用能力的表现，同时也表明大学生们对运用英语的背景文化并没有真正地了解或掌握。英语学习达到不到实际应用的目的，虽然英语成绩考了高分，但却是空中楼阁，无法发挥实际的语言效力。这就需要学生有一定的英语实践能力，而不是仅仅掌握课本知识，所以，高校要想培养、成就应用型英语人才，就要在教学中提高学生们使用英语的综合素质，而文化导入理论是提高英语实际运用能力的方法之一。

1. 分析文化导入理论

语言研究理论通常会在不同的语言教学领域发挥作用，文化导入理论就是一种在英语教学活动中能够发挥作用的理论体系。文化与语言之间的关系从20世纪60年代以后受到关注，不管是教学论还是语言学，都认为社会意识、社会文化都会在语言中有所体现，不同的文化内涵都会反映在与之相符的语言表达中。所以，要想掌握第二语言知识及其运用方式，就必须了解相应的文化背景知识。语言知识与文化背景是彼此制约，彼此依存的关系。

目前，我国高校的英语教学并未与国际语言研究同步，所以在教学中仍然采用传统语言教学模式，即将教学重点放在语法规则以及词汇体系上，对语言中所承载的文化背景却忽略了。而在实际教学中，英语也不是集文化与趣味性于一体的语言知识，而是一种距离英语使用环境遥远的、枯燥的句型结构与语法讲解，同时脱离了语言交际工具的实质内容。

而要对这种情况进行改革，就必须对教学内容进行探索，使英语教学效率有所提高，文化导入理论对英语教学的促进作用被提上研究日程，而且成为英语教学分析、研究的热点。实践的前提条件是理论，只有深入探讨文化导入理论，才能突破英语教学中的难点。文化是一种变化的、流动的精神、物质总和，并非一成不变，所以，文化导入在英语教学中包含着多种内

容——物质性的、精神性的以及知识性的内容总和，其层次有深有浅。深层次的文化包括思想、价值观以及抽象的思维方式及思维原则，而它们可以反映在艺术形式以及行为方式中；浅层次的文化包括社会规范、经济、政治等制度性知识，还有饮食、生活习俗、历史发展以及办公室文化等，这属于能力性知识的范畴。

怎样在教学中“融入”文化，一是把文化作为语言知识的辅助资料，另一种是以对文化的学习实现语言学习的目标。这两种导入方式都没有在实际教学中真正实施，除了受到教育模式、教材以及师资力量的影响外，教师的教学观念对此也有很大的影响，很多教师认为英语文化的传授可有可无，而文化知识的传授对英语成绩并没有多大的影响，而对语法、词汇的分析及传授却能够收到明显的教学效果。所以，文化导入理论的教学必须与英语考核体系相结合。

2. 文化导入的条件

事实表明，文化导入理论与高校英语教学大纲保持着一致性。但是，由于理论研究与英语教学实践之间有一定的差距，需要教师在教学活动中掌握英语文化传授的分寸，并掌握一定的传授技巧。

（1）文化导入的基础

所谓文化导入在英语教学中的应用，即通过对学生的引导，使其对西方文明有所了解与掌握，以对各种文明间的冲突有所适应，而跨文化进行语言交际的障碍也会因此得以消除。在导入异域文化时，教师一定要注意其在生活、工作环境里的应用目标，同时还要对学生学习英语文化的兴趣通过不同的方式进行调动。

（2）文化导入的时间

在什么时候、哪个教学阶段进行文化导入教学，需要根据英语人才的用途来判断，而大学生毕业后就进入社会工作，就会用到英语来处理工作中的事务，因此，在大学阶段引入英语文化教学是比较合适的，而在中学阶段进行文化导入也是有益的，但是对占用讲解英语基础知识的时间。在大学阶段引入文化教学有一个好处，就是大学生们可以利用业余时间来学习文化知识，在丰富业余生活的同时还能够丰富自己的专业知识，而大学生在利用图书馆、网络信息技术方面也是非常方便，而且可以通过智能手机来学习，而中学阶段的学生们就很少能做到这一点，尤其是在利用网络信息技术方面。

（3）文化导入路径及手段

怎样在教学中实施文化导入，其方式、路径是什么？需要教师在课程中进行具体设计，还要让文化能够在英语实践中发挥实质性的作用，这就需要教师设计一定的英语使用情境，或者采用视频、音频、图片等方法展示出英语的实际运用环境，让学生们在实际运用中掌握英语文化的本质。

3. 英语课程、教材面临的文化导入挑战

当前，虽然在英语教学中已经对文化导入理论进行教学实践，但是其在教学中作用与效果仍然需要研究。尽管在教学中导入英语文化，但是由于价值观念的不同，以汉语为母语的读者对英语文化里的一些现象还是不易理解。另外，由于文化导入中多使用一些文学类材料，其不能对西方文化有全面的反映，尤其在一些经典文学作品，因为距离当代年代久远，其中的文化及生活习俗已经发生了改变，无法反映当代社会信息，所以并不能达到文化导入的效果，对学生的学习兴趣也会造成影响。所以，在英语教学课程中，不能以文学知识取代文化知识的教学，需要以英语语言的应用作为课程设计的标准。

研究表明，语言教学越接近于使用功能，其教学效果就会越好，而仅教授文学内容远远达不到英语实用的目标，所以，要想在教学中导入英语文化，必须要与英语国家的社会发展情况及生活习惯联系起来，要对教材侧重于文学的结构倾向进行调整，对文学内容进行压缩，并将社会科学、自然科学、时事资讯等内容引入到教学中。

专业用途英语有很多不同的领域，往往因为术语的不同而表现出一定的特点，如科技英语、外贸英语、营销英语以及法律英语等，还有旅游英语及餐饮英语等，其在交流中的应用性最具特点。不过，在许多高校的英语教育中忽视了专业英语的教学，仅以过四六级英语为教学目标，这不仅造成了总体英语技能结构上的不平衡，而且也影响了学生在实际工作中对英语的应用能力。所以，专业英语的教学在高校英语教学中是非常重要的，学生为了将来的工作需要，有必要掌握专业英语的语言特点、行文结构以及词汇应用体系。

4. 英语教师应用文化导入

单纯讲解某些英语语言的知识点，并不能让学生们对英语知识有一个整体的掌握，这是因为社会生活是各种知识点的集合，而不是仅仅体现出某一个知识点。所以，教师个人的文化修养直接影响着文化导入的效果，无论在英语文化综合知识能力方面，还是在个人语言魅力以及授课风格方面，教师都会在文化导入教学中受到挑战，教师如何应对这一问题，需要对英语文化以及教学目标及教学要求有整体的考虑，并在教学中以合理、科学的方式进行教学。

教师根据教学的实际情况，可以选择有针对性的教学模式，以不同的文化让不同特质的学生去学习接触，既使他们的专业英语能力得到提升，同时也会考虑大部分学生的情况，使他们按照自己的人生规划去学习英语文化，用到哪一方面的英语，就学习哪一方面的英语，这样既会使英语专业水平精益求精，还不会浪费时间到那些自己用不到的英语知识领域。这些都是教师在文化导入教学中要对学生进行指导的内容。

文化导入不仅仅是对地理环境、风俗习惯以及历史沿革等方面的内容，而是要与社会实际生活及其中的各种因素联系起来，使这些因素能够真正地在工作发挥英语交际的作用，以提高工作质量及效率，所以，文化导入的结构与质量在一定程度上形成了对跨文化交际能力的影响，并产生异域文明熏陶的效果。

第三节　高校英语教学的翻译模因理论

模因论起始于达尔文进化论，是一种用于对文化进化规律进行的解释的理论，模因论也是一种尝试用于英语翻译教学的理论。即以模仿、背诵等方法进行英语翻译教学，使学生养成良好的翻译习惯，并使其翻译水平得到提高。

一、英语翻译教学对模因论的应用

1. 何谓模因

模因一词来源于生物学，通常作为文化模仿以及文化传播的单位。模因是人类思维方式里的信息单位，其传播方式是模仿，其生存方式则是复制。模因在人脑信息中存在，且从一个人经过传递又输送给另一个人，宿主即指携带模因的人。两种带有不同模因的人，怎样才能建立良好的沟通，由两种人对彼此承载的文化理解力决定。即能否理解彼此的文化是实现良好沟通的前提。所以，要对模因进行跨文化传播，必须通过翻译活动的辅助才能得以实现。只有通过细腻、详细的翻译，一些对异域文化不了解的读者才能接受或者理解对方的文化，同时对其语言也可能会产生审美感受。但是不同的翻译人员对同样的源语作品有着不同的理解与翻译水平，这也造成了译文会呈现出不同的语言风格与形式。而要获得最高水平或者最优质的翻译作品，翻译人员就需要在翻译活动中应用模因理论。所以，要培养专业的英语翻译人员，模因理论在英语教学中是必不可少的。

2. 模因论和翻译的关系

模因也可指在现实世界或者现实生活中传播的文化单位，而在不同语言环境中获得传播的语言单位也是模因，即翻译模因，也就是说，文化模因的传播需要通过翻译来实现。对文化进行翻译的基本单位即模因，具体的翻译操作是通过模因内在运行机制而获得确定的。动态的翻译模因是在不断进化发展的，这也决定了它的历史敏锐性。某个翻译模因在固定历史时期处于支配地位时，其就成了这个时期的规范，处于弱势地位的则是其他模因。若在翻译中违反该规范，那么译文就会被认为是错误的，所以，翻译模因与历史、社会有着极为密切的联系。

3. 翻译教学应用模因论

教师在翻译教学中对翻译史以及翻译理论必须重视，学生了解了翻译史，就会对翻译模因的历史渊源以及来龙去脉有清晰的理解，并认识到社会文化对翻译模因的发展有非常重要的制约作用。要培养翻译能力，需要经历八个阶段：

（1）词汇阶段。学习任何一门外语，首先要掌握的就是词汇，这也是进行书面语学习的必然阶段，如果不从事书面语方面的外语工作，仅仅靠听和说就可以学会外语，不需要掌握词汇，仅凭语感就能够掌握一门外语。而大学生必然会从事一些文本方面的工作，所以，掌握外语单词及其用法是必须的。在翻译工作中，逐词翻译或者词对词地进行翻译并不是正确的翻译方法，这会导致学生翻译水平停滞。虽然语言词汇的掌握很必要，但是需要翻译时，却还需要很多其他的知识，这就需要进入下一个阶段的学习。

（2）直译与语法阶段。相对于意译而言，直译并不是一种错误的翻译方法，但是在语言文采上却无法与意译相比，在翻译的初级阶段，教师可以让学生先学习直译，尽管这种翻译方法并有什么创意可言，但是却可以锻炼学生重新组织句子的能力，并熟悉词汇及句型结构问题，同时对英语语法的认识也会在这一过程中巩固。学生掌握了直译与语法，就会为将来的意译奠定坚实的基础。

（3）修辞学阶段。该阶段的翻译注重译文的文采，对行文的逻辑性及流畅性也做了相应的强调。该阶段的重点是灵活多变的表达形式、自然生动的文体表达。这一阶段不但对学生的翻译水平提出了要求，而且也会考验学生的母语语言修养，如果母语词汇匮乏，在翻译时就没有更多的字词可选择，译文就会产生行文不畅或者词不达意的情况，就算能够很好地理解原文，却不能更好地表达原文的内容，这对翻译质量及翻译能力也会造成影响。

（4）逻各斯阶段。“逻各斯”是一个希腊词汇，属于哲学概念，在这里有理性或者语言意义。在该阶段中，翻译者在整个翻译活动中不但有塑造语言的能力，而且还要有主体创造性。文学翻译是该阶段所强调的内容，另外语言创造力也在本阶段得到了强调与重视。由于需要学生对智慧、知识、逻辑思维进行自由发挥，所以该阶段对学生来说比较困难，如果学生对该阶段的内容难以掌握，那么其后的其他阶段对学生来说就会更加困难。

（5）语言学阶段。在这个阶段学生对语言要有精确的掌握，特别要对两种语言间的联系与差异进行重视，并对语言学的重要性进行重视与强调。在这一教学阶段，其知识会涉及到语义学、符号学以及语用学等。

（6）交际阶段。信息语用以及信息功能是在教学中受到重视与强调的。文本本身不是本阶段要关注的内容，而是对语言的运用情景进行关注。交际理论是教学内容中所涉及到的知识，例如关联理论、Grice的合作原则、礼貌原则以及顺应理论，译文是否有可读性是该阶段关注的目标。

（7）目标语阶段。在译入语里，译本发挥了哪些功能，是违反了翻译规范还是遵守了翻译规范，都是本阶段所关注的内容。译文对译入语的文化层次也会有所关注，并在译文中有所反映。

（8）认知阶段。译者为什么是这样翻译而不是那样翻译？译者采用了哪一种翻译策略，其认知机制是什么？这是该阶段要探究的内容。对翻译者的翻译策略进行分析与探索。

在模因论翻译教学中，教师要对模因翻译论进行刻意的强调，使学生能够有模因论的自我意识，从而在翻译中能够自主地运用模因论进行翻译活动，这也是翻译初始阶段的特征。模因论也考验着传统翻译理论，以前被认为不可取或者不合理的传统翻译教学需要根据翻译的实际情况进行重新检验，有的则需要恢复其教学地位，或者对某些传统翻译教学模式再次提倡。比如对一些词汇进行死记硬背这种教学方式，经验现代教学效果的检验，其教学方式并不是错误，而且对词汇的记忆以及记忆量能够在翻译中发挥重要的作用，因此，这是一个需要再次大力提倡的教学方法，因为除了背诵与记忆，英语单词几乎没有别的学习方法，尤其是没有捷径可走。还有一些句式以及短语需要记忆，这些固定的英语言说习惯与词汇一样能够在翻译活动中发挥重要的作用。

模仿也属于模因论，其对于翻译能力也会产生非常积极的意义。模仿并不是凭空产生的，而是来源于记忆存储中已有的且与翻译问题相近的信息，将该信息中的某些元素进行替换后，翻译问题就会得到解决，这也是一个模因集合进行创新与重组的过程。在模因中存在着不同的内容及形式，其传递与复制对语言的学习也会产生启发作用。学生们可以在对同一信息进行表达时采用不同的形式，也要学会在不同的内容中套用同样的形式。当学生的翻译技能不断进步与发展时，对翻译内容的识别能力与翻译策略的选择能力也会越来越熟悉，直到形成翻译直觉，至此，翻译模因就形成了学生的翻译能力。

语言知识中所具有的时尚性、实用性、权威性以及合理性是形成语言模因的主因。语用功能在一定程度上决定了语言模因的存在，这与英语专业学生在工作中应用英语的能力相符合。所以，教师一定要选择实用性强的翻译材料给学生们做翻译练习，这对学生实际英语能力的培养非常有利，而且对学生的语言输出非常有帮助。能够承载文化的，除了一些有形的物质，就是一个民族的语言。因此，教师增加文化知识在教学活动里的比重，可促进学生对源语国家风俗、法律制度、传统、文化等内容的了解，这些知识面的扩大能够深化学生的翻译能力，且向高层次进步与发展，这也是人文知识对翻译教学的促进作用。

模因论在英语翻译教学中的研究仍然在起步阶段，却将一种新思路引入到英语教学中来，拓宽了英语翻译教学的知识范围，以实践与理论结合的形式，使教学方法得以改进，学生的英语综合能力也会有相应的提高。

二、模因论应用于口译教学

模因论在英语教学中有两个核心，一个是传播，一个是模仿，在英语口译教学中，有四个阶段受到其影响。

1. 同化阶段

同化指团体或者个人来自于不同的文化环境，在相互接触中，同质文化单位得到形成，它们会表现为一种社会互助的形式。当两者进行不同的接触和重组后，相通相融的地方在二者间形成，并且不断地磨合于两者间，最后完全融合的个体得以形成，在该过程中，不是断深化的是两者之间彼此的接受，还有彼此的理解。因为熟悉了母语，刚开始学习英语时可能会有抵触情绪，在对英语不断地接触与学习中，模因就会逐渐形成，学生就会更加容易地学习英语，再加上不断完善的英语文化，英语与汉语在学生知识框架中就是一个逐渐同化的过程。

2. 记忆阶段

学生的母语与英语同化后，其同化过程都会留在学生的记忆里，学生对这些知识的记忆会随着增多的模因时间而增长，越对模因过程进行重复，就会越加深对英语知识的记忆，其结果是母语与英语的最终磨合。两种语言的同化现象在英语口译中越多，冲突与矛盾就会在两者间越来越少，学生由开始学习时的抵触英语，到越来越习惯使英语进行表达，最后会自觉地应用英语进行交际。

3. 表达阶段

英语口译表达并不形诸于书面，而是将语言的有效信息通过口头表达的方式传达给他人，并使他人感知以至于理解。由于在该阶段学生对英语文化、语法、词汇知识已经有了一定程度的掌握，因此能够在口译中得心应手地表达出来，学生的英语表达能力从仪态到发音、从情感到语法在该阶段都得到了锻炼，并对一些口语表达技巧有所掌握，能够提高英语在工作、生活中的实际应用能力。

4. 传输阶段

在英语口译中，传输阶段是不可缺少的，模因论在该阶段中也发挥了重要作用，这也是英语文化在两种语言间传播与发展的过程。学生能够运用语言知识进行两种语言间的交流活动，使语言的传输达到共融效果。

5. 模因论的应用策略

（1）基础知识要强化

要使英语口译达到较高的水平，无论英语语调还是英语发音都要奠定一定的基础，所以，在强化英语基础知识的学习时，可以对英美朗读文章的语调及语音进行刻意的模仿，进行多次训练，使自己的发音能够与英美日常英语言说方式保持高度相似甚至一致。这些内容包括英语单词的读音以及句子的读音，使之与语言情境中的正确发音相符。在不断的模仿中，模因论在口译中的作用就会体现出来，口译语调与发音就会越来越标准，在语速以及语言感染力方面也会有所进步。

（2）语言记忆的增强

在本质上，英语表达以及英语复制过程形成了英语模因论。对英语进行非常熟练的、快速的以及标准的转换是口译英语中最困难的事情。只有特别熟练时才能达到这种程度，这就需要不断地进行英语口译练习。口译练习能够加深对英语语言语感的记忆，并使自己的英语口译表达能力得到增强。口译都是即时性的翻译，内容多为对当下及现实社会生活的交流，因此，教师要选择一些热门话题或者当下流行的影视作品对白让学生们进行对话。只有口译环境保持在真实状态，口译水平才会得到真正的提高。

（3）学习氛围的创建

良好的学习氛围以及学习环境也可以通过模因论来创建。复制是模因论的特征之一，其可以在某一特定环境中对人们产生潜移默化的感染力，如果学生之间经常以英语进行交流或者进行口译训练，那么英语言说水平就会在不知不觉的情况下得到提升。口译时，翻译者的大脑必须保持在高速运转的状态，从语法、词汇到文化背景进行快速地选择与转换，以使译文与原语内容达到最大程度相近的状态。只有学生多进行口译训练，使自己时刻处于英语言说情境中，并不断地进行英语听说练习，口译水平就会在短时间内得到改善。教师可以筛选一些素材，即时地让学生翻译，或者让不同的学生分别扮演素材里的不同角色，以真实、生动的场景来营造口译环境。

（4）国际视野的拓展

翻译并不是两种语言相对词汇的转换，而是需要根据上下文的语言环境以及语言文化背景对句子本义及引申义做出准确的判断，将源语的准确信息传递到译文语言中，使译文的听者对源语意义不会产生歧义，并能够准确领略源语作者的表达意图。所以，口译是涉及到心理、社会、文化以及交际等内容的翻译行为，翻译的准确性来源于两种语言的文化特点，使语言得到恰当、对等地转换，在这一转换过程中，遵循着模因论原则。

第四节 跨文化角度下的高校英语教学理论

跨文化交际理论是指两种来自不同文化背景的语言进行交际的理论，其在高校英语教学中发挥着很大的作用，同时也是高校英语教学在未来发展的一种趋势。

一、跨文化交际理论分析

跨文化交际理论起源于20世纪50年代，其研究目标是使跨文化交际中产生的问题得到解决。经过几十年的发展，语言学、心理学以及传播学在其中得到了充分整合，而且获得了丰富的研究及分析方法，其理念框架也非常丰富。

跨文化交际理论体现在英语教学中的价值在于，不但获得有趣且丰富的课堂教学效果，而且使教师的英语教学思路也得到了丰富与拓展。特别是在国际间的经济、政治、文化交流以及合作中，跨文化交际理论起到了非常重要的推动作用，且揭示出文化、语言以及交际间的相互关系，使人们明确文化因素对于英语教学的作用，而跨文化交际即包括英语交际。所以，培养学生们的跨文化交际能力也属于英语运用能力的一部分。

在跨文化交际理论下，英语教学中有两个重要的方法，一个是文化任务教学法，以英语文化知识进行重点教学是该教学方法的内容。文化知识包括一个民族或者一个国家的风俗习惯、地理位置、艺术、文学、政治、宗教、历史等内容，这些内容与语言表达特点都有非常密切的关系。文化是在持续变化的，那么教学内容也要相应地改变。语言应用技能以及语言表达态度都包括在语言文化知识之中。

二、影响培养跨文化交际能力的因素

在跨文化交际知识教学中，会受到一些不同因素的影响，这些因素包括语言差异、思维差异以及交际风格的差异。语言差异包括语言发音、语言词汇以及语言意义上的不同与差别，无论在哪一方面都有可能出现交际障碍，这都需要通过文化元素去解决。例如中国人喜欢喝的红茶在翻译成英语时不是“red tea”，而是“black tea”，这就是文化因素造成的，black一词在这里并不是本义“黑”的意思，而是运用了引申义。思维方式的不同也会在跨文化交际中产生不同的理解。比如中国人侧重于形式思维，往往受到感性的影响比较大；而英语国家的人更倾向于逻辑思维，受到理性影响较大。因此，这两种不同的思维方式进行交际时，对彼此的理解有时就会产生一些偏差。

在两种来自不同背景的语言进行交际时所采用的方式就是交际风格。谦卑、含蓄、慎语谨言通常是中国人交际时的态度，特别是对交流方的身份非常重视，但是英国人则喜欢就事论事、开门见山，没有那么多寒暄语，另外在语言表达上有严密、详细的特点。因此，这种差异性会在交流中造成一些误解，它们也是对跨文化交际产生影响的重要原因。

三、培养跨文化交际能力

要培养学生有熟练的跨文化交际能力，首先要把教学目标科学地制定出来，教师对英语教学的总体目标也要进行详细的制定，在这一过程中要考虑学生的个人英语水平、教学实际状况、社会的人才需求目标，从各个因素出发对学生的跨文化交际能力进行相应程度的培养。此外，时代特征需要体现在教学目标以及总体目标中，这也是跨文化交际能力需要特别注意的一点，因为只有现实中的知识信息才有实际的交际意义。所以，教学内容一定要有代表性及典型性，不但让学生在非常轻松的环境下学习，而且能够使学生的学习负担得以减轻。教师还要对教学方法进行相应的调整与运用，而不是以固定不变的教学方法进行教学，这也是调动学生学习兴趣的一种方式。

四、反思英语教学

只有让运用不同语言的交际双方同处一种文化背景中，交流活动才不至于产生误会，这也是在英语教学中进行跨文化交际能力培养的原因。只有对交际对方的的处世态度以及价值观念、生活方式等有充分的理解，才能使交际活动在平等、彼此尊重的氛围中进行，交际者的跨文化交际能力必须达到一定的水平才能实现平等、公正的跨文化交际活动。

1. 跨文化交际能力英语教学改革

只有具备了跨文化交际能力，在人际交往及国际交往的环境中才能从容地进行交际活动，这需要交际者有英语听说读写译以及文化因素等各个方面的能力，既能进行书面英语交流，还能进行口头英语交流。在英语教学改革中，需要将跨文化交际能力放在重要的位置，并对驾驭英语的技能进行相应程度的训练，且教学中把英语文化不断地引入进来，且让学生们对其独特的文化内涵进行了解与掌握，尤其是一些固定用法或者有着特殊表达方式的短语、成语及句子。

2. 反思英语教学改革

尽管在英语教学中采取了很多丰富英语文化的措施，但是跨文化交际能力的培养却并不理想，这与现实生活中缺少英语语言环境有关。学生们即使记住了一些英语文化，由于无法在实际活动中应用，慢慢就会遗忘，或者不会在实际生活中应用，这就导致英语文化仅成为一种知识，而无法成为学生用于交际的技能。另外，跨文化交际教学在模式表现上千篇一律，一些文化类的材料与现实生活和时代之间距离很远，且在教学方式上没有新意，教学模式单一，这都对跨文化交际的英语教学产生的影响。即使在同一个学期内，教师也要对文化知识的教学材料进行调整与选择，使之更加符合学生跨文化交际能力的进步与发展。

在英语教学改革中，教师本身的跨文化交际能力也要不断地提高，这就需要教师在教学中还要不断地学习，以提高自己的教学能力。同时，教师还要将文化知识与语言基础知识进行有机地结合，对课程内容设计上要不断地更新内容，对新的文化背景知识进行适度讲解，使学生能够了解所学的文化背景知识的社会意义。教师还可以通过多媒体、网络等手段对学生的跨文化交际能力进行全方位的丰富与培养。通过图文并茂或者视频的方式将真实的英语文化语境传授给学生，使学生对英语文化背景有直观上的印象与感受。英语语言情境的创设对学生的跨文化交际能力也是非常有帮助的，并且使他们的跨文化视野得到不断拓展。

3. 能力培养与职业应用相结合

高校培养学生的跨文化交际能力，其目的就是让学生们在以后的工作中能够进行实际的应用，而不是学到的知识学无所用，因此，实用性必须体现在英语教学中，这就需要对学生的文化学习兴趣以及语言学习兴趣进行激发，并在教学过程中不断地使之得到培养，学习兴趣能够在整个学习过程中发挥巨大的作用，形成自主学习的动力，对提高学生的整体英语应用能力能够起到极为重要的作用。所以，在高校的整个英语教学中，跨文化交际意识需要贯穿于始终，并最终形成学生的职业应用能力。

第五节 多元智力理论对英语教学的启示

在高校英语教学改革中，各种理论及其应用层出不穷，其中多元智力理论就是其中一种。传统英语教学尽管对英语基础知识的传授及训练较多，但是却对培养多元化的能力有所忽略。该理论对学生主动探究、参与到英语教学中来以及进行合作交流学习进行了倡导与强调。这也是英语教学新价值取向与新功能的体现，我国多元化英语教学可以此为依据。

在当前的高校英语教学中，一些多媒体设备虽然已经用于课堂教学，但是教师仍然以对教材内容的讲解为主，培养学生英语多元化的能力却被忽视了，英语教学的趣味性、丰富性等方面的内容也忽视了，同时还忽视了学生参与课堂教学的需求，学习英语的兴趣受到抑制，英语运用能力也无法获得更加快速地提高。

一、多元智力结构有哪些特点

多元智力理论并不是一种历史悠久的学说，而是起始于20世纪80年代的新理论，其创始人是美国心理学家加德纳，由于其在教育止的适用性，在教学实践领域反响强烈。

在传统理论中，一元化智能概念占据主流位置，而多元智力理论对彼此独立、多元化的个人能力进行了强调，该理论还认为，以社会需要为目标的产品生产能力以及解决实际问题的个人能力才是本质上的智力。加德纳认为有7种智力存在于人的智能中，包括语言智力、音乐——节奏智力、逻辑——数量智力、视觉——空间智力、身体——动觉智力、自知——自省智力、交往——交流智力。其中，语言智力即指读、说、听、写的能力，即一个人能够对语言进行高效而顺利地使用，并以之对思想进行表达、对事件进行描述，且据此与人交流。而交往——交流智力则是与他人交往以及相处的能力，体现为对他人情感、情绪以及意图的体验与觉察，并且能够据此做为比较合理、适宜的反应。

通过多元智力理论我们可以看到，其实以上7种智力是每个人都具备的能力，只是每个人对这7种智力所表现出来的强弱不一，而且没有固定标准对这些智力进行表达与衡量。而且在一个人的成长过程中，不同智力会在不同阶段显示出其优越的一面，而且它们会随着人的成长与社会的发展而出现不同的变化。即使是同一个人，这7种智力也不是固定不变的，会因为个人心理、年龄、思想境界的变化而变化，同时它们还与周围的环境刺激有关。

二、英语教学对多元智力理论的应用

加德纳认为，每个人所拥有的这7种智力都是相对独立的，这7种智力之间保持着相对独立的状态。但是，在社会生活中，人与人之间的这些智力却是有机且错综复杂地交织在一起，而且彼此影响、彼此促进，而7种智力在每个人身上反映出来的表现方式也是非常独特的，因此，每个人都表现为独特的气质、独特的性格与思维、行为方式。多元智力理论应用于教学时，教师可以采用不同的教学方式来促进学生们多元智力的培养，尤其是促进多元智力的发展。教师可以通过绘画、设计、涂鸦以及想象的方式将教学内容描绘得更加富于色彩，并以这种多彩的教学内容促进学生对英语的学习。学生在课堂上接触到的外界刺激越多，其在英语学习上发挥的智力水平也就会越高，特别是影视视频英语教学，既会调动他们的语言感知能力，还会调动他们的情感感知能力，同时交流与交往的能力也会得到激发与调动，这也是促进英语学习的最好方式。而多媒体教学中的音乐能够激发学生的音乐智力，使其其他智力也处于活跃状态，从而能够对知识最大程度地吸收。

教师还可以为学生制定出相应的学习计划，使其自我发展的意识得到激发，也使其业余爱好得到尊重，学习英语的成就感获得了增强，那么他们的内省智力也会得到不同程度的提高。在学习生活中，学生的这7种智力是彼此影响，彼此促进，而且可以为同一个目标的发展服务。

三、多元智力理论下的评价观

多元智力理论下也有其独特的评价观，它与形成性评价相近，对英语教学的目标进行了强调，而不是提出教学目标。而且将课程教学以及学生的学习目标与相应的评估融合在一起，从而形成合力。学生的多元智力通过多元智力理论评估就可体现出来，而教师可以对此有更好的理解与掌握，同时对个性化的评价观进行倡导。而基准评价、真实性评价以及自比评价、参考评价被包括在个性化评价中。例如档案袋法与成就评价法属于真实性评价，其中，通过学生表现突出的作品及行为形成的评价为成就评价，其评价标准与标准化考试不同，对学生探索问题的精神进行了鼓励。档案袋法是一种记录学生成长过程的方式，其将学生成长中的成果、录像、图片、图表、录音、观察记录以及日常表现记录、个别谈话记录等都以档案的形式记录下来，并对学生成长中的强项与弱项进行鉴别，使学生成长中的进步以及成长中的轨迹都得到保留与揭示。快照式评价在真实性评价法里得到了克服，其对评价的社会化以及情境化非常关注，从而使静态评价被学生真实的动态成长评价所替代。

通过多元智力理论，使传统评价观里的英语学习过程得到重视，从而使只重视英语成绩的现象得到改变与克服。而多元智力理论对英语教学的评价也使传统单一的一评价体系得到了转变，并以真实教学场景及学生英语综合应用能力评价代替英语成绩，以连续动态评价取代静态评价。

多元智力理论从教学内容到评估全方位地为英语教学提供了现代化教学的理论依据及新思路，其与我国所提倡的素质教育是紧密相连的，并为教育质量的提高以及教育公平做出了相应的贡献。

四、多元智力理论对教学改革的作用

1. 多元智力理论内涵

通过对人类潜能的实验研究，加德纳教授才提出了多元智力理论，因此，该理论是一种有实验及现实意义的理论，并非没有现实数据的支持，而教育教学、社会文化、智力多元性对人类智力的发展都发挥了不可忽视的作用。同时，加德纳还认为，生物本能与解决问题的技能都有关系，而且其也构成了多元智力理论的基础。除了本能之外，人类技能还与该领域的教育及文化有关，二者的结合才形成了人类整体技能。比如虽然人类都有语言技能，但是该技能却可以表现为不同的形式，如写作、演讲以及各种形式的文字游戏。这说明，智力并不能离开现实生活而抽象、孤立地存在，只能与现实生活紧密地联系在一起。智力是一种在文化背景或者生活环境里存在的取向或者潜能，包括对有效产品进行创作的能力、对实际问题进行解决的能力以及发现问题的能力、提出问题的能力。多种不同的要素、多个不同的层面构成了人的智力与心理，且对此无法进行标准式的测量，即多元是人类智力的标志，不同的构成方式、不同的构成结构形成了人不同的智力水平。最高的智力表现即创新，每代人进行的创新积淀成了我们今天的生活方式。

综上所述，人的多种智力是相互引发、彼此影响的，同时能够对彼此起到促进作用，而且人的智力是多元的，尽管不同的人表现出独特的智力，但是并没有高低之分，只有在不同的智力领域里表现出的优势有所差别。

2. 多元智力理论启示英语教学改革

英语教学改革能够从多元智力理论中得到很多启示，从而促进教学工作的开展。

（1）学生观念的端正

多元智力理论的观点认为，每个人在智力上都有自己的优势，比如有的人口才好，善于表达；有的人数理化学得好，善于数理逻辑分析；有的人喜欢写作，善于用文字表达自己所感、所想；有的人善于交际、交流；有的人善于音乐创作；有的人善于表演。不同的人在生活及工作中会表现出与他人智力不同的一面。学生也是这样，他们都有自己的学习方法，能够对外界环境及教学内容产生独特的认知方式，尽管在教学上并无差别，但是每个学生的学习成绩却表现得五花八门，这就是个人智力因素在起作用。所以，在多元智力理论下，高校要对学生的智力潜能进行发掘，使不但喜欢学习，而且能够抓住教学内容的核心，在相同的时间里，能够学到更多的知识。所以，要对学生的智力潜能进行充分开发，并使学生之间的差异性得到相应的尊重。

①以学生作为英语教学的中心，使其智力潜能得到拓展。不同的智力领域构成了人类智力的整体，而在对实际问题进行解决时，其智力在表现上也是多方面的。在英语学习中，有的学生擅长说英语，语感非常好，有的学生则擅长朗读，发音准确无误，有的学生则喜欢以英语同他人进行交流，其语

言能力表现得非常好；还有的学生喜欢英语写作，其逻辑推理能力也是非常好的；也有的学生喜欢以表演英语戏剧，有很高的表演技能；有的学生则对自己学习过程中的不足进行反思，且以此作为进步的动力。在课外的多个领域，学生们也会表现出各自不同的智力优势。所以，教师应该对有不同智力优势的学生进行鼓励，使他们都能够发挥自己的特长与优势，而不是在学习中必须发挥弱势智力，并以优势智力带动弱势智力的发挥与发展。通过不同的教学方式，教师要在最大程度上使学生的智力潜能得到最大限度的提升与拓展，这也是对学生各种不同的智力进行促进的一种方式。

②尊重学生的智力差异，对不同的学生实施不同的教学方法。在智力上，每个学生都会表现出不同的特点，即使英语学习成绩差的学生在其他智力领域也有优势的一面，如在语言交流以及交际方面，还有文学艺术方面都有可能超出其他学生。所以，教师不能忽视那些英语成绩不理想的学生，而是在尊重他们的智力差异之外，鼓励他们发挥自己的优势智力，并以优势智力带动弱势智力的发展。这就需要教师了解并掌握每一个学生的优势智力，使每个学生都能够在学习生活中发挥自己的特长与优势，对不同的学生提出不同的教学要求，而且以不同的教学方法针对不同的学生施教，而不是千篇一律地要求全班同学达到某一个固定的学习目标。

（2）教学观念的转变

多元智力理论的观点认为，无论是后天因素还是先天因素，都会对人的智力发展产生不同的影响。知识传授仅是高校教育的一个方面，而对学生的未来智力发展起到引导与促进才是高校教育的最终目标。必竟高校课程教学仅是知识基础，工作中用到很多知识还需要学生自主地去学生，所以，学生智力得到了发展，那么将来在工作中就会更加地得心应手，不会在学习工作实践知识时不知所措，无法达到工作要求。因此，智力引导与智力教育对高校教育有着重要意义，同时对学生的未来发展更具重要意义。

①以智力潜能培养与开发替代单纯的知识传授。人类工作能力及生活能力的前提及基础就是知识，学生们只有对某些知识完全掌握了，才有可能使自己的能力得到提高与发展。英语教学的目的，就是对言语——语言智力的开发与挖掘，且形成良好的英语语言技能。这就需要在教学中对学生的各

项智力进行开发，且使这些智力能够在学习中相辅相成、彼此促进，最后获得良好的英语运用技能。要达到这一目标，教师就要在课堂上创造出学生喜欢的、让学生感到新鲜有趣的英语环境，例如英语角色表演、即时英语对话等，通过对英语言说情景的参与，学生才会在教学活动中成为真正的主体，主动地学习、掌握相应的英语技能与技巧，英语运用能力从而会获得相应地提升。

②以多样化教学方法促进学生各项智力共同发展。加德纳认为，不管什么样的学科知识，对人类的七种智力都有开发功能，尽管人们的智力水平不同，但却都会在最大限度内将自己各个领域的智力发展到最高水平。英语教学除了对语言智力进行开发外，还可以对其他智力进行不同程度的开发。因此，越是多样化的教学方式，越能够对学生各个领域的智力进行促进与开发。例如通过对比句型以及语法的归纳与演绎，还有分析阅读短文、编写英语提纲及写作等，还可以对逻辑智力进行开发，并促进英语交流智力的发展，其他智力水平也会获得相应的提高。

（3）新评价观的建立

加德纳认为，虽然人们的智力水平不同，但是每个人都自己独特的智力体系，其优势智力也是与他人有区别的，而弱势智力通过学习也能够达到一定程度的水平。该观点对英语教学的启示在于，新英语评价观的建立，应该将对学生智力有促进作用的教学方法作为新评价标准的目标，而且要对教学过程进行评价，而不是仅关注教学结果。

①评价目标是能否对学生智力发展产生促进作用。加德纳认为，学生能力发展是教学的目标，因此，必须将这一标准纳入到新评价体系中。该评价体系可对学生的英语学习情况进行全面的反馈，使学生对自己的智力优势及弱势有清晰的认识，从而在学习中不断地调整学习策略，使自己的劣势得到相应的弥补，同时也使自己的优势得到相应的发挥。这需要教师在制定评价标准时有针对性，并不同智力的学生制定不同的标准，并将这些标准集中起来对学生进行评估，使学生的智力优势都能够在评价体系中表现出来。教师还要在教学中善于发现学生的特长，尤其是语言方面的特长，使他们能够在学习中表现出来，而不是因为不受重视而丢掉智力优势的发挥，教师也要为

学生创造发挥优势智力的条件。

②评价过程也是英语教学过程。评价在多元智力理论中属于教学的一部分，评价应该贯穿于教学过程中，而不是教学过程完成后再进行刻意的评价。所以，教学与评价是融合在一起的，在让学生们对话、朗读以及课堂教学中进行即兴问答时，都可以作为学生语言智力评价的依据，并通过图画、英文歌曲、英语小品表演、英语游戏等对学生不同的智力领域进行评价。同时，教师的教学方法也要不定期地更新，如以参与式、交互式、立体式、渗透式的教育方式取代单向的、平面的、灌输式的教育方式，让学生能够在愉快、轻松的情境里接受英语教育。

③持续加强与丰富校园网站的建设，使之与学生日常生活与学习生活更加贴近。为了学生学习需要，教师可以设计出不同的英语栏目，让学生们在学习的同时，还能够与教师、其他同学保持及时的信息交流，从而使学生能够在非常广阔的网络信息世界里自由地学习英语知识。

④对有关法规、法律进行相应的完善，使网上行为得到规范。由于网络是一个非常自由的空间，没有监管标准，所以，高校的校园网络管理人员及任课教师应该注意网络空间的监管，特别是学生们的生活状态与学习状态，使他们在学习的同时，在行为上符合相关规范。

第六节　原型范畴理论与高校英语教学实践

英语词汇作为英语教学的一项重要内容，历来受到教师及学生的重视，丰富、多样化的词汇能够搭配成无限可能的句子，而在原型范畴理论中能够找到相应的灵感，使词汇能够在句子中得到顺利使用，同时又使句子能够顺利进行语境，并使其获得理想的表达效果。

一、原型范畴理论与英语教学实践

由于在教学中将英语文化摆脱于教学及语境之外，使英语教学的效果并不好，因为缺少文化内涵的支持，使学生在理解及运用英语时会产生一些障碍，无法在英语文化背景中产生相应的语言意义。而在原型范畴理论下，英语教学可以对英语的灵活运用情况进行深入地分析与探讨。

1. 原型范畴理论的内容

原型是一个哲学概念，在柏拉图的著作中就有对其的描述，其指事物的原有模型；而范畴则对事物的类别、属性进行评判，概括分类的目标也从而得以实现，也就是说，通过客观与主观的彼此协调机制，对事物进行分类的一种方法。但是其边界有不确定性的特点，而且事物的边缘与事物的中心有差异性存在。

2. 英语教学对原型范畴理论的应用

（1）对英语基本范畴衍生任务的关注

范畴在英语教学中对不同词汇的形成以及其在应用过程中的发展顺序有决定作用，所以，英语基本范畴词汇是以应用频率高、词形简单者为重点。在英语的实际应用中，应用频率比较高的前120个词汇，其特点是在形式上精悍短小，而且是单音节词。教师要以这些原型范畴词汇作为教学内容中的重点，并使其在教学中得到相应的实践，且转变为英语环境里能够应用的词汇。

（2）对不同词汇之间的关联性进行关注

各个不同的词汇并非是孤立存在的，而是有着一定的关联性存在，尤其在构成英语句子的时候，不同词汇间的关联性更是显而易见，而一词多义是其中比较典型的词汇，有的词汇含义甚至在十几种以上，这也是原型范畴概念产生衍生义项的例子。尽管某一个多义词汇的具体含义不易确定，但是只要这个词应用于句子之中，那么该词汇就有了固定且具体的意义，词汇间的关联性在句子中表现得非常明显。

二、认知隐喻和转喻

隐喻与转喻是很多语种中都存在的修辞方法，英语中也有很这样的修辞手法，在词汇的认知范畴内，人们可以通过事物之间的关联及近似性获得转喻的含义，或者在表达隐晦事物时以突显事物进行表达。而在理解这两种修辞内容时，学生需要对两种事物的直观形象及其内涵有所了解，只有掌握了两种事物的特征，才能理解两种修辞方法的本体意义及比喻意义。

第七节 英语教学模式理论建构与实践

高校英语教学采用哪一种模式更适合学生的未来发展，既需要实践的检验，也需要教师与学生的共同努力。因此，对英语教学模式的改革与实践正在提上高校英语教学的日程。

知识建构理论的观点认为，最直接的培养学生创造力的途径即是在学生认知范围内建构知识体系。学生既是知识的学习者也是知识的创造者，而建构过程也是创造过程。要使学生构建自己的知识体系，就要对学生的潜能进行激活，而完成学生任务并不是最终目标，使自己的技能与知识都得到相应的发展才是目标。教师在教学中通常会设置相应的学习计划，由于课时所限，就会在知识学习中产生边界，对边界之内的知识进行传授，而对边界外的知识则无触及，这对学生知识体系的构建及知识体系的结构平衡非常不利。所以，教师要在教学中及时调整知识内容，拓宽学生的知识边界，使学生能够在构建知识体系中获得更加广泛的知识信息。

一、知识建构理论

人类的知识并不是由一时的发现与创造而产生的，是通过千百年来所有人的努力创造与经验积累而获得的，是多少代人努力的结果，并非一人之力所能做到的，但是，每个人却可以为庞大的知识体系添砖加瓦，并为其增姿添彩。个人认知受到社会环境及社会发展规律的制约，而人对外界事物的认识是一个由基础走向高层次的过程。

所以，教师要对学生的认知水平有非常明确的认识，并对学生已经掌握的和未曾掌握的知识结构有所了解，并在教学设计中有所反映，新、旧知识之间有一定的差异性存在，学习过程即是消除差异的过程，即以旧知识为起点，而终点则为新知识，在对新知识的消化及掌握过程中，新知识也会成为旧知识，成为学生知识体系中的一部分。学习过程是阶梯状的，而不是螺旋式的，每一级阶梯既是下一级的始点，也是上一级的终点，这是一个逐步进步的过程，并且是在教师的帮助及指导下完成的。在社会活动中，人类是最活跃的分子，因此，在教学中一定要给予环境以必要的重视，使其在知识学习及其建构中发挥更加有利的作用。教学不但是一种人为活动，也是对智力发展起决定作用的活动。

二、英语知识建构实践模式

从高校英语教学的特点出发，其教学设计要从学生的实际水平出发，而学生的知识建构是建立在教学实践基础上的，所以，教师要执行教学模式时一定要从教学实际出发。

只有激活旧知识，使旧知识与新知识之间建立起相应的连接，学生才能掌握新知识，而在这一过程中，无论是学生还是教师都会处在一个非常活跃的状态中，尤其是学生，他们在对旧知识进行激活后，还要把新知识进行内化——即建构知识体系，所以，其思维自始至终都是处于一个极为活跃的状态，既要对新知识进行深刻的理解，还要掌握新知识的特性及其运用规律。在这个过程中，如果学生在难以理解的地方"卡壳"了，教师可以对此进行适度的引导与指点，使其能够对该项知识有明确的掌握，而不是有模棱两可的见解，这样在使用新知识时就会产生歧义或者错误。

无论在课前还是在课后，教师对教学的反思与对教学的评估都是应该强调的内容。在课堂教学实施前，教师对学生的知识结构要有非常清晰的了解与认识，同时在课程设计上把知识建构原理应用到具体的教学实践中。而课后的教学反思与教学评估活动可以让教师掌握学生的知识学习状况及知识体系建构情况，其结果可以促进教师对教学内容及教学方法进行改进，使学生能够更加完善地建构自己的新知识体系。

通过这种知识构建新模式的实践，学生的个人知识建构能力得到了加强，同时，其个人智慧得到发挥与拓展，而且在进行知识体系的建构时，既可以联系旧知识，从中得到启发，又可以向教师请教，使旧知识的核心内容更加巩固，使新知识内容能够更加快速地吸收。而在口语教学中，除了设计教学内容之外，教师还可以在课外活动中设计一些话题，让学生们对此进行发挥，从论点与论据出发练习英语口语，口语越红越熟悉，无论对词汇的掌握还是对句子的结构方面，能够使学生很快地掌握其运用特点。

第八节 行动研究理论与高校英语教学

大学英语教学改革在我国已经进行了很长时间，其目标是使学生的英语综合实力得到提升，从而实现教学质量的提升。而怎样实现这一目标，是英语教育的重要课题。教师只有对教学中的问题不断地思考，且采用相应的方式去解决问题，使问题现状得以改变。而行动研究理论能够使教师持续地探索教学活动与教学实践，使英语教学工作得到不断地进步。

一、行动研究理论应用于大学英语教学

1. 行动研究理论简述

我国高校英语教学界对行动研究理论的研究并不长。所谓行动研究理论里的“行动”是一系列的对教学过程进行观察，对教学效果进行反思，以革新观念对在教学中发现的问题进行进行改革，并使教学活动得以完善，而不是普通意义的英语教学活动，同时也不是杂乱的、毫无目的的教学行为。在行动研究理论中，其行为是有理有据、有目的、有监控的过程，而在这一过程中，对教学的反思贯穿始终。而教师会持续改进教学方法，使教学效果越来越好。在教学活动中，教师的研究对象不仅有学生，还有自己，同时也会把整个教学活动纳入其中，对整个教学过程进行研究，所以，教师所研究的是整个教学活动中的行动，而不是某一个活动对象的行动。在研究教学问题后，教师还会将革新后的教学实践运用到教学活动中去，并在教学活动中对其效果进行验证，且在教学实际中应用这些研究成果，研究工作与教学工作是紧密联系在一起，而不是各自孤立的行为。

行动研究是一种贯穿于实践活动过程中的研究，这与应用研究是有所不同的，因为客观性是应用研究所强调的，而且还要对既定实施方案进行严格的执行，且企图控制某些变量，严格监控执行过程。但是行动研究所研究以及对所有问题进行解决的方式都是相对主观的，且是教育过程以及教师们非

常关注的问题，相对的开放性是其在研究过程中所体现出来的，在调整时也要视具体情况而定，其研究目标是解决实际问题。

在行动研究理论中，教师在教学活动中是发现问题的第一人，由于处于教学最前沿的位置，所以，他们提供了行动研究的便利性。同时，参与者与研究者是教师在行动研究中所表现出来的两个身份。教师在这一过程中不但研究问题而且执行解决问题的方案，并对执行过程进行监控，对执行效果进行观察。正是双重身份的存在，在行动研究过程中，教师才能够有真实的体验以及直观、真实的感受。而且这些问题存在于日常教学中，对教学效果有直接影响，且急需解决。行动研究可使教师的教学技能以及教学能力、教学效果得到提升，使学生的综合能力与综合素质得到相应的提高，因此，该研究可获得双赢效果。

2. 行动研究活动的过程

行动研究的构成有四个环节，分别为聚焦问题，对该问题提出相应的方案，继而实施该方案，对方案的成效进行评价。

行动研究中位于第一位的是让教师感觉到困难的问题，并深入地思考问题领域，且提炼出核心问题，并对该问题聚焦，同时以选择合适切入点来解决该问题。在该过程中，最好只对某一个焦点问题进行关注，而不是大面积且广泛地关注所有问题，而是要一个问题一个问题地解决，当一个问题完美解决后，再去解决另一个问题，解决问题后不会出现遗留问题。在问题解决后，还要对该方案的结果进行评估，如果在评估过程中仍然有一些问题出现，那么教师就要对这些问题进行着手解决，同时对这些问题进行再次的反思与研究，找出症结所在，并对这些问题进行再次的整改，最后直到彻底解决问题为止。在行动研究的整个过程中，就是找到问题——制定解决方案——实施解决方案——评价教学效果。因此，行动研究是一个循环且渐进的过程，而且对完美是无限接近的，这也是非常普遍的事物发展规律。

3. 英语教学的共性存在于高校英语教学中，不过也有特殊性存在于英语教学中，而大班授课就是其中一种。由于每个学生的英语水平不一样，所以在开展课堂活动时非常困难，有的学生喜欢，有的学生则无兴趣，因此无法在整体上提高学生们的英语水平。教师对此不但要进行研究，而且还要对问题进行具体化，使这些问题得到科学化的解决。在基层教学中，总是有些问题层出不穷，教师对此不但要有发现的能力，还要有解决问题的能力，并制定出相应的、有实际实施意义的教学方案。

因为大班授课时人员众多，而学生们由多个班级组成的一个大班级，有的互相认识，有的互相不认识，因此课堂教学中多了一些沉闷的气氛，无论是师生之间还是学生之间都缺少互动行为。尽管这一问题在很多大班授课过程中都会存在，但很少有教师科学分析该类问题，更无法提出相应的解决方案。尽管有些教师采取了一些方式，但是并没有起多少作用，还有的教师不知怎样解决这个问题。因此，要解决这个问题需要找出其根源所在。由于是大班课堂教学制，所以，学生们对其他同学都会感到非常陌生，不敢进行相应的交流，不像自己班级的同学生那样熟悉，而对于教师也是如此。上完课后，教师往往就会离开教室，不像小班制那样与学生们进行学习交流；有些教师就算也会留在教室，因为学生众多，难以逐个认清，因此，学生与教师、教师与学生之间教师有一种陌生感，往往无法进行彼此的交流。所以，要解决这个问题，教师就要主动与学生沟通，以缓解学生的紧张情绪，同时也营造一种轻松的课堂气氛，使学生们能够在愉快的氛围中学习，以促进师生间关系的融洽。对于学生在课堂教学中不敢积极发言的问题，教师也可以采取相应的措施及方案进行应对，使之得到比较满意的教学效果。

除了要对教学活动中出现的问题进行反思与调整之外，教师还要在教学前进行反思，在教学过程中进行反思，并在教学过程完成后进行效果反思，而且要不断地与其他学校的同行进行讨论与交流，同时向有教学经验的教师进行请教，以获得最好的教学效果，且使自己的行动研究效果更加客观、科学，也更加地有效。对自己所取得的研究成果，教师可以通过口头汇报或者书面汇报的形式进行分享与讨论，还可以以论文的形式提供给业界的同行们，以供他们参考与借鉴，使英语教学界的教师们能够形成共同进步的局面。

4. 在高校英语教学中行动研究的意义

行动研究在英语教学中所针对的是教学实践，所以，提高教学质量及教学效果其行动研究的必然目标与结果，而该成果存在于日常教学活动中，不但会在教学实践中获得检验，且会在教学过程中不断地获得完善，这就使使理论脱离实际的情况得到了避免。教师在教学活动中的智慧与力量在教学革新中获得了发挥，而行动研究在探索解决教学问题提供了非常有效的途径，不但使教学质量得到了相应的提高，而且使教师在提升自身素质时发挥了重要作用。因为教师的的专业素养不但会在读书中获得提高，而且还会在教学实践中获得提升与持续的完善。而在教学实践中，教师的教学理论与教学观念会获得持续不断的实践与完善，从而在教学中能够转化为一种强大的力量，使学生的不但获得课堂教学的实际助益，而且对教师自身发展也有非常大的帮助。

无论是教学还是科研工作，对高校教师来说都是非常重要的，而且相辅相成，而要使理论研究发挥实际的作用，就必须在教学活动中进行相应的实践活动，以找到理论研究的实际意义，而且教师的理论研究无论从哪一方面讲，必须有实际经验的支持才能够完美与完善，所以，行动研究理论之所以越来越受到英语教学界的重视，正是因为它所具有的实际教学作用与意义。

二、行动研究理论应用于英语阅读教学

行动研究理论将理论研究与教学实践结合了起来，使理论与实践无法结合在一起的问题得到了解决，特别是在英语阅读教学中，行动研究理论发挥了非常重要的作用，使阅读技能、词汇学习以及课外阅读都获得了不同程度的研究与实践。同时，教师在这一过程中自然而然地形成了理性的教育思维，即使教学问题与实际条件相结合，并在实践中应用研究理论，使教学中的出现的问题得到实际的解决。

1. 行动研究理论溯源

“行动研究”是一个学术术语，其最初的来源是美国的柯利尔，柯利尔对此进行了一系列的研究活动。其后，很多教学学家与社会学家参与到这一理论的研究中来，而且美国社会心理学家勒温对该理论进行了系统、详细的阐述，特别是其解决问题的方法、目的以及步骤。在该理论中，包括的内容比较多，如对事实进行搜集，对搜集到的问题进行详细的研究与分析，对出现的问题制定相应的实施方案，并且对获得的更多的事实进行相应的评价，

使行动研究处于副处螺旋式或者循环式的重复状态中，从而使不断出现的问题得到不断的解决。自20世纪70年代以来，行动研究在国际教育界已经形成了非常大的国际性运动。

众所周知，教育并非仅仅是简单的技术控制，而是一种有着现实特性的实践活动，所以，由于教育环境处于一种由多人组成的复杂过程中，因此，只有深刻思考教育中的实践问题，才能够使这些问题得到圆满的解决。教师在教学中仅执行简单或者抽象的指令是无法准确的完成教学工作中，教师必须自己有对教学的体验与感悟力，使自己与学生都成为教学的受益者。教学过程也是一个不断实验的过程，教师通过观察课堂、问卷访谈以及阅读教学日志、进行教学反思等活动来获得分析问题、解决问题的办法，且以此使教学模式得到持续的优化与完善。

2、阅读教学对行动研究理论的应用

（1）分析英语阅读教学问题

尽管很多学生对英语阅读的重要性有所认识，同时也认识到在阅读中最大的困难是英语词汇的学习与掌握。在阅读过程中，词汇量不但会对理解文章产生重要影响，同时也对提高阅读速度有很大的制约作用，英语学习的信心是其影响到的最终结果。对此，教师可以从教学的策略、学习的策略、学习的态度以及教学的内容、教学效果等几个不同的方面进行假设与实践。以座谈与问卷形式确定教学中存在的问题，并采用相应的措施对掌握词汇的问题进行整改，让学生调整学习英语词汇的策略与方法，而且克服一些不良的阅读障碍与阅读习惯。同时，教师也要反思自己在教学中所发挥的作用，对学生的阅读要进行必要的指导，而不是放任不管，且对阅读结果进行检查与监督，使阅读中存在的问题获得及时而迅速地解决。

（2）阅读教学进行改善的行动方案

要使阅读教学得到相应的改善，教师可以采取一系列的策略与方法来对学生的阅读活动进行相应的调整。作为英语学习的基础，对词汇的学习与掌握对阅读能力有着极为重要的影响，同时还对英语其他的技能有一定的影响作用。在理解英语篇章方面，掌握词汇量的多少还会对阅读速度有着直接的、不可忽视的影响，如果词汇量掌握的少，势必会在阅读中对词汇意义进行相应的查询工作，这就造成了时间上的浪费，从而降低了阅读速度。要使阅读速度得到相应的提升，教师就要传授给学生相应的词汇学习策略及方法，同时对词汇的记忆及篇章的阅读策略进行相应的训练，使学生能够熟练掌握相关的学习策略，并对阅读过程产生实际的行动指导。

对阅读技能进行强化训练，使学生的阅读能力及阅读技巧得到全面的培养。由于逐句阅读、有声阅读、频繁重复阅读的习惯，从而对学生的阅读速度产生了直接的不良影响，尽管学生对寻读、略读以及通过语境对词义进行猜测的阅读技巧已经了解，但是其熟练程度却需要持续的强化，只有对这些阅读技巧有了系统的掌握，才能在阅读中得心应手地应用这些技巧知识。教师还要传授给学生在阅读不同的材料时根据需要选择不同的阅读策略及阅读技巧，以使理解篇章时更加准确，且在阅读速度上有所提高，能够节省相应的阅读时间。

对自学指导和课外阅读还要不断地加强。虽然很多学生希望通过英语阅读来提高自己的英语成绩，同时获得相应的文化知识，但是，由于阅读指导的缺少，往往不能在阅读行动中持之以恒，从而使一些阅读策略以及阅读技巧越来越陌生，也造成了英语阅读信心的下降。教师要在这一过程中有针对性地对学生进行指导，并通过国内外出版的一些英文杂志、报刊、经典小说、社会科学文献、简易读物等介绍给学生阅读，而且让学生在阅读中贯彻“易、趣、多、薄”的原则，而且在对待学习任务上，鼓励其以不同的学习策略及学习方法来应对。另外，还可以以英语墙报、英语角等形式让学生们进行英语阅读，也可以通过英语电影来做一些英语阅读材料。在阅读任务的完成上，可采用学生自主与教师强制进行结合的原则，教师可以对阅读任务的质量进行指定，同时还要对阅读任务的数量进行确定，而学生们可以根据任务需要以及自身的英语水平以及阅读兴趣来选择相应的阅读材料。

在每周的课堂训练中，要对不同的教学重点进行重视，同时，让学生在完成课外阅读后，再完成读后感、文章梗概、演讲、摘要以及讨论等阅读作业，同时把学生的阅读完成情况记入英语的日常成绩中。在对教学反馈信息搜集整理后，再进行反思教学的活动。

（3）反思阅读教学

①词汇学习。对于大一学生而言，对英语词汇进行系统性的掌握，对其阅读能力的提高极为重要，所以，教师要将词汇教学做为教学重点，并且在这一过程中把词汇学习策略及词汇学习方法放在英语教学训练的首要位置。另外，对词义的猜测是一种非常重要的阅读技巧，这需要根据上下文的语境来进行判断，首先要让学生们学会理解英语语境，而且要在教学中对词汇练习进行有针对性的安排，使学生对词汇的各种意义及其用法有更加深刻的掌握。教师也可以通过分类、联想以及归纳的方式使学生在词汇记忆方面得到巩固、消化与理解。最重要的是，让学生们能够在阅读实践中对所学过的词汇进行应用，只有在实践活动中，学生才能够真正地了解词汇的深刻意义及其内涵。而对词汇的语义网络以及层次关系，学生们也要有所掌握，从而构建起相应的英语知识体结构及其体系，这对词汇知识的提取以及储存是非常有利的，且与认知规律相符。

②训练阅读技能。对学生阅读中产生的速度慢、效率低等问题进行研究，且对导致这一结果的阅读习惯进行整改，在课堂教学中将阅读训练作为提升阅读速度与阅读效率的技能训练课。最重要的是教师要传授给学生相关的阅读技巧，使学生能够在短时间内快速地对核心信息进行捕捉，同时对阅读中的障碍进行跨越，使阅读中产生的问题迎刃而解。在训练过程中，教师可选择一些与日常生活息息相关的英语材料或者选择一些与社会生活紧密联系的阅读材料，从而使阅读策略在阅读实践活动中得到应用，在完成阅读任务的同时，阅读技能也会得到相应的提高。

自学与课外阅读。词汇量的扩大能够在阅读量上产生直接的影响，词汇量越丰富，阅读量也就越大，只有在语境丰富的状态下，学习词汇的效果才会得到加强。另外，使英语知识得到巩固的有效手段就是不断地循环与重复，阅读量越大，词汇的循环次数也就越多，词汇量也会越来越大。国内有很多难度适中的英语阅读材料，例如《英语辅导报》、《英语沙龙》、《21世纪报》等。此外，还可以给学生推荐一些适合他们阅读的国内外书刊杂志或者英文网站，并介绍一些必要的阅读技巧及学习策略给学生。

行动研究理论可以对学生的英语学习产生非常积极的影响，同时也使教师在实践中的自我意识有所提高，而教师对教学的理解也会因此得到构建，对自我更新、自我决策能力的提高都有帮助。

第九节　大学英语在教学实践中的发展理论研究

无论是听说法还是翻译法，无论是交际法还是直接法，都在英语教学领域产生了相当程度的影响，这些都是国际英语界公认的教学方法，而中国本土的教学方法也有很多，如“词、句、文”教学法、立体教学法以及张思中教学法等教学方法，它们在我国的英语教学实践中发挥了重要作用，而且以重视英语技能的运用代替对英语知识的强调，并使理论结合实践的教学发展模式取代了理论为主的教学发展模式。

就教学规律的科学研究就形成了教学法，在教育学中，它是一个非常重要的分支，英语教学的方式、方法、原理以及其他教学安排及手段等都属于英语教学法的研究对象，所以，教学论是教学法的另一个称呼。

一、英语教学法的不同时期

在我国的不同时期产生与时代相应的教学方法，而国际上同样也会在不同时代产生不同的英语教学法，对中国英语教学的不同阶段产生过影响的教学法有以下几种类型。

1. 翻译法

外语教学在人类社会早期就开始了，例如古罗马时期，还有欧洲的中世纪时期，而外语学习的目标即是对外文书籍进行阅读，并对其中的文化知识进行学习与吸收，这一时期的翻译法通常被称为语法翻译法。在教学中，该翻译法既是教学手段，同时也是教学目的，通过阅读大量外文名著使学生的智力得到强调与发展。由于对培养外语技能的忽视以及对传授语言知识、母语作用的强调，使外语阅读教学与语言知识产生了脱节。翻译法形成的理论依据即那一时期的心理学以及机械语言学。翻译法是一种对外语教学影响时间及影响力最大的教学方法，目前，翻译法仍然在外语教学界中被使用。

2. 直接法

工业与商业的发展也促进了各国间贸易的繁荣与发展，而外语口语交际也在对外贸易中起着极为重要的作用，翻译法对这一新的外语要求无法适应，因此产生了直接法，这是一种对外语进行“整体学习”的方法，而在这个外语教学阶段，心理学、语言学以及教育学等领域的研究也都获得了很多的进步与发展。

语言需要大量的模仿及练习，因为它是一种习惯或技能，这是直接法的教学内涵。因此，其对情景与语言之间的联系是极为重视的，且让学生们对母语进行排斥，并对直接使用外语的思维进行鼓励。直接法也对外语教学产生了非常大的影响，而且在英语教育中有很长时间采用直接法进行教学。

3. 听说法

听说法的产生是因为受到行为主义心理学、结构主义语言学以及“刺激——反应——强化”这一教学程序的影响，其为听说法奠定了理论基础。对句型、对话的背诵与记忆是这听说法所重视及提倡的。这一教学法也在我国外语教学界产生了非常大的影响，直到现在仍在使用。

4. 交际法

交际法又被称为功能教学法以及意念功能教学法，该方法以交际功能作为教学大纲与目标，其理论基础则为社会语言学。在该教学法中，其并没有一个独立而严密的理论体系，其在课堂教学中所强调的是交际能力与语言能力，所以，英语的语言功能是其所重视的，并在教学中力求实现英语的交际化。准确不再是英语教学的要求，而流畅却成为英语教学的要求，而且学生可以使用英语对自己的思想进行真实、忠诚地表达。

交际法已经成为英语教学的主流教学方法，任务型教学途径也由该教学方法发展而来，

5. 其他教学方法

以上几种外语教学方法都是在教学中发生过重要影响力的教学法，此外，还有自觉对比法、视听法、沉默教学法、认知法、咨询教学法、暗示法、自然教学法等，但是其对我国英语教学并没有发生多大的影响力。

二、我国在英语教学中的理念发展

中国约于明朝时期开始外语教学，而且语种由社会需要而产生不同的变化。在外语教学的初始阶段，我国多借鉴与学习西方教学法。从20世纪80年代开始，我国学者根据实际情况也研究出本土教学法，并在教学实践中产生了或多或少的影响力。

1. 立体教学法

这是由张正东提出的一种教学方法，其将教学环境、目的语、跨国文化、学生与经济等因素彼此作用与联系，从而构成了一个立体的语言系统。不同的教学模式也在该理念影响下发展而来。对教学环境在语言教学中的作用进行关注与重视是立体教学法的特点，同时，对教学活动的设计强调要以实际情况做为依据，而且要从教学的实际需要出发来对教学步骤与教学方法进行灵活选择。

2. 张思中教学法

这是由张思中提出的一种英语教学方法，反复循环、因材施教、适当集中以及阅读原著是其核心内容。其中“集中”是指“集中讲授语法”与“集中识词”，也就是集中起书中的全部词汇，并以三周时间、以各种方法对词汇进行学习与掌握，且集中讲授整本书的语法，并对其进行相应的练习。通过情景设计、肢体语言、使用实物、动作利用、结合图片等方式使学生们对词汇进行理解，不过对语法并不讲解，并对这些学习内容进行循环反复与强化，使学生的英语潜力得到最大程度的发挥。

3. 三位一体教学法

这是由马承提出的一种英语教学方法。音标、因素与字母的三位一体，语法、词汇与阅读的三位一体都属于该教学法的范畴，其对学生自学能力的培养是重点，而且对因素、字母、音标间的内在联系极为重视，在对读音进行掌握的基础上，通过语法、词汇以及阅读系统论的方式对教学内容进行动态平衡性、有序性以及整体性的整合。以提前学习及集中学习的方法来学习英语语法及词汇。

三位一体理念中提前学习、集中学习的方法与张思中教学法中的“适当集中”教学法近似，它对语音及音标教学进行了强调，且将音标、音素作为英语学习的基础，并进行集中学习。该教学法在我国英语教学界产生了一定程度的影响力。

4.“词、句、文”教学法

该教学理念是由北京教育科学院所提出的，句不离文、词不离句是其中心思想，对词汇的教学、对语句的整体理解以及对英语的综合运用是课堂教学的三个重点内容。该教学法对学生对英语的创造性应用能力及英语交际能力进行重点培养，交际法与这一点有很高程度的相似性。

以上介绍的这几种教学法，都对学习环境与学习条件有特殊的要求，无法进行大规模的教学推广，例如三位一体教学法就是只在部分高校使用，而张思中教学法也是一部分地区高校中使用，也有一些教学法只应用于某些教学领域，如在阅读课中被推广与运用的是“词、句、文”教学法。

当前在我国的英语教学中方法并没有唯一性，而是根据不同的教学对象与教学内容来选择与之相应的教学方法，而全国性的英语教学标准并没有产生，而很多国外教学方法及教学理念仍然在我国英语教学界发挥着重要作用。

三、我国实践英语教学法的发展

英语教学法是与社会对英语语言应用相辅相成的，社会有什么样的英语语言需要，就会有什么样的英语教学法。正是英语教学法在教学实践与教学理念之间架起了一座桥梁，并对教学实践的进程有直接反映的作用。

1. 我国英语教学法的发展

从1949年之后，我国的英语教学界获得了不同的专业化发展，特别是20世纪80年代以后，由于经济及对外贸易的迅猛发展，使英语教学发生了突飞猛进式的发展。当前，我国已经将小学、中学英语教学分割开来，并使英语教学向着更专业的方向进步与发展。

2. 教学实践与教学理论的发展与完善

在英语教学法体系上，我国保持了持续完善与进步的状态，且以学生为学习中心取代了以教师为教学中心的状态，以实用语言技能取代了对语言技能与语言知识的片面强调。尽管在英语教学体系中仍然有一些问题存在，但是教学界对这些问题的探索、研究与改进也是持续不断进行的，而更有实用性、更加科学的英语教学体系也正在学者及教师的不断努力中形成。

第十节　高校英语课堂教学有效性策略分析

高校英语教学在高校课程中占有很高的比例，无论是哪一类专业课，无论是文科还是理科，尽管所学科目有很大差别，但是英语课程却都是必修课，特别是英语专业，必须要过相应的级别才能毕业，而本科生要想考硕士研究生，英语也是必修课之一，可见高校教育对英语教学的重视程度，这与英语在国际贸易、国际交流以及高科技中的大量应用有直接关系，正因为对英语的应用无所不在，才促使英语受到大学教育的极大关注。

一、英语教学有效性的特征及其内涵

分析高校英语教学，其教学活动的有效性中包含着极其丰富的内涵。要实现高效教学，就要以效率与效益对课堂教学进行推断与分析，从教学规律出发，以最少的时间与最少的人力物力达到最高的教学目标，使个人成长最大程度地与社会需求价值相适应。

有效教学的内涵指明确的教学目标得到了成功实现。有效教学的特征是：学科的前沿发展得到了全面介绍、对思想概念及其起源能够清晰阐述、可提供参考资料给相关的知识背景、在对他人理论观点进行阐述时可采用综合与分析的方法等，同时，能够对课堂内容进行清晰地组织与解释，互动与交流存在于课堂教学中，对教学效率以及教学教学质量进行关注，学生能够对经验与知识进行分享，对学生理解程度进行高度关注等。

二、分析英语课堂教学有效性的意义

有效教学是一种对学生的全面发展进行关注的教学方式，由于不同群体对学习有不同的认识，而教学有效性的判断标准可以提高教学质量，使学生在教学中能够得到更多的知识营养。有效教学的核心在于使学生的专业能

力、整体素质都能够得到更好的发展。

有效教学的底线是达成教学目标，而且还要合理而高效地使用时间，获得最优化的知识是在某个有限的时间内。教师的反思能力与教学水平决定着课堂教学的有效性，教师只有对教学方法持续地，对教学经验不断地总结，才能够使教学有效性得到持续不断地加强。

三、教学有效性方案的设计

培养学习信心是促进学习的有效方式。教师对学生的看法与评价会让学生产生自我心理认知。如果教师对学生的要求过高，而学生虽然尽了努力却仍然无法达到这一目标，那么学生就会有学习失败感，导致厌学情绪。因此，因材施教以及对学生的鼓励能够在很大程度上使学生发挥自主学习能力，特别是能够培养学生学习的自信心，使学生的成绩与整体素质都得到提升。

在学习中，决定成绩好坏的往往不是智力原因，而是对某一学科的兴趣。只要有兴趣，人的大脑对该学科知识就会有很强的接受能力及默契，而对于不感兴趣的学科知识，即使知识摆在面前也会感到索然无味，因此，无论哪一学科，只有让学生保持着较高的学习兴趣才能获得相应的成绩。所以，教师在英语教学中要以鼓励学生及培养他们的学习兴趣为主，让学生们因喜欢学习而自觉学习，而不是在学习任务与老师的压力下学习。

四、课堂教学有效性的评价体系

在对课堂教学进行评价时，并非仅以英语成绩的高低作为评价标准，而是以整个英语教学中的总体表现为评价目标，如教师在教学中的风格及专业水平，对课程内容的设计水平，对多媒体设备的应用水平，还能否调动与激发学生的课堂情绪等。高校英语教学对大学生的学习层次、学习范围以及学习方式都有所规范，而且也对学生的主动学习及其效果有很大的影响，教学有效性也会受此影响。

在教学中，只有学生与教师在教学目标的指导下统一起来，教师对教学新方法、新思路不断地探索与思考，并在教学中应用这些新方法，使学生的英语有效应用能力得到最大程度的发展与提高。

第四章　英语教学如何走出困境及实施途径

第一节　英语跨文化教学中要注意的问题

提高学生的文化素质是教育的关键，也是外语教育的关键。英语作为一门国际语言，能了解世界上各个国家和各民族的文化历史、社会习俗、政治经济、风土人情等多方面的知识，加深对世界的了解，帮助学生借鉴和吸收外国优秀文化精华，也可以提高学生的文化素质。英语跨文化传播教学就是实现文化素质教育的一条重要途径。这其中有几个问题和原则需要注意。

一、英语跨文化教学中要注意的关系

在英语跨文化教学过程中，有几个关系需要注意正确处理。

（一）正确处理教与学的关系

外语教学是一门实践性很强的课程，应在教授语言知识和培养语言运用能力的同时，着重培养学生自我学习和自我提高的能力，帮助学生尽快地找到适合自己自学、自练的最佳模式。要注意的是，以教师讲授为主的单一的课堂教学培养不出学生较强的外语应用能力。如果学生只是被动接受，没有时间练习和思考，这样的教学只会扼杀学生学习的积极性。外语学习的首要任务是学而不是教。外语的语言知识和语言技能是需要通过学生的实践才能获得的，也就是说，教师在课堂上不能搞一言堂，而是要提供机会给学生练习、讨论和提问。强调学生在课堂中的积极主动性并不是要抹杀教师的作用，相反，这样更加大了教师工作的难度，更强调了教师的指导作用。在这样的课堂上，教师是课堂活动的设计者和管理者是学生活动的参与者、鼓励者和合作者是学生问题的分析者和解答者。教师还应根据学生的个性特点，

适时调整教学方式，培养学生正确的学习方法。

（二）正确理解教材与教学的关系

教材的编写以学生的发展为宗旨，着重培养学生的创新精神和独立思维能力，使学生获得为适应学习化社会所需要的英语基础知识和基本技能，并在学习的基础上了解文化差异，发展健全的人格，培养合作精神和社会公德意识。教材内容贴近学生生活，以日常生活为主要内容，逐渐适当增加社会、科技和自然等方面内容的比重，同时适当安排一些文学性的篇章。而且，按学生身心发展规律与兴趣特点设计大量丰富的语言和语用活动，以利学生在学中用、在用中学、学以致用，不能为了语法教学的需要而编写在目的语国家的日常生活中根本就不可能出现的对话，即使迫不得已要写，也应当注明对话使用的语境。

总之，教材应既体现素质教育的要求又遵循语言教学的理论。当然，任何教材只能给教师提供静态的语言素材，教师才是教材的活化者。只有通过教师组织学生围绕教材进行活动才能赋予教材以生命力。教师决不能被教材束缚住手脚，而是应该通过教材进行实践教学。通过教材提供的语言素材，开拓学生的视野、扩大知识面、加深对外部世界的了解、在使用课程指定的教材时，亦应鼓励学生根据个人实际情况自学其他参考资料。

（三）正确处理语言知识和语言技能之间的关系

前面已论述过，语言知识是指该门语言的语音、语法和词汇知识。语言技能是指听、说、读、写、译的能力。语言知识是语言技能的基础，没有扎实的语言知识就不可能获得较强的语言技能。而语言技能的提高也会促进对语言知识的加深理解和巩固。在进行听、说、读、写、译的技能训练时，应用语言知识的准确性和应用语言技能的流利性往往会产生一定的冲突。只要处理得当，可以消除冲突。但准确和流利不是对立的。它们像一个硬币的两面，互相依赖。准确是流利的基础，没有准确，流利无从存在若没有流利，就谈不上能进行有效的口笔头交际。阅读是信息时代使用最频繁的语言活动。而获得有效的阅读能力与其他语言能力的培养也是分不开的。

（四）全面培养学生主动学习、自我完善的意识

教师在培养学生系统全面掌握语言知识的同时，还应强调学生培养自己

归纳知识的能力。当学生抱怨单词记不住时，教师应告知学生使用什么样的词典，怎样使用词典，怎样在学习过程中通过上下文来记忆和巩固已学单词等。教师还可通过使用教材引导学生区分母语和外语的异同，区分语言中所隐含的不同文化和价值观念。培养学生主动学习、自我完善的意识。学生在学习一门外语的时候，更重要的是在学会如何学习。这样，学习外语的过程亦可成为一个人提高综合素质，获取宝贵人生经验的过程。

二、把握英语跨文化传播教学的原则

在进行英语跨文化传播教学时，有几个重要原则需要把握。

（一）相关原则

所谓相关，是要求所导入的文化内容应该与教材的内容有关，或者是教材的拓宽。文化导入教学应充分利用教材中的语言材料，尽可能与语言教学同行。如在教授英语里的称谓的时候，就可以导入一些与家庭关系相关的文化。英语中的亲属称谓词比汉语少得多，一个涵盖了“堂表兄弟，堂表姐妹”等几种关系，汉语中亲属称谓的繁多，反映了汉族大家庭的现实，也反映了汉族人的宗族观念而西方社会里，家庭是社会的基本单位，但是它可以进一步分解成为个人。在处理个人和家庭的关系时，个人的利益和愿望是主导因素，家庭是次要的。中国人重亲情，讲人情，所以有熟人好办事，也就是我们所谓的“关系”西方人重原则，讲公平，关系在他们那里极少存在。这种东西方称谓上的繁简之分，也正好说明了两种文化之间的差异。

（二）实用性原则

实用性原则是指文化导入要注重与日常交际的主要方面紧密联系，对于那些干扰交流的文化因素，应该详细讲解，反复操练，做到学以致用。一比如数字，在英语里代表厄运，那么在与英语国家的人交往时就要注意他们的这种忌讳，不要安排他们住楼，号房间，会面的日子也最好不要定为号，还有要特别注意尊重英语国家人的隐私，不要探听对方的收入、年龄、婚姻状况等。与对方的身体接触也要注意，他们比较尊重个人空间，人与人之间较多的保持着一定的距离，尤其是同性之间的身体接触更是不受欢迎。凡是这类直接影响信息准确传递的文化知识，在课堂教学时就要传授给学生，让文化教学与语言教学紧密结合，激发学生学习语言知识和文化知识的兴趣，也使学生了解语言和文化的密切关系。

（三）循序渐进原则

循序渐进原则要求导入的文化内容应适合学生的年龄特点、认知能力和培养目标，注意由浅入深，由现象到本质，逐步扩展其范围。高一虹教授在她的《语言文化差异的认识与超越》一书中，将跨文化交际能力分为“道”与“器”两部分“道”是交际主题的基本取向“器”是对信息和技巧的掌握以及交际的结果或功效。〔也就是说，交际者内在的人格状态、整体素养以及由此而来的对待交际的基本态度是“道”，其他外在的信息、技巧、行为和结果，都是载“道”之“器”。从文化导入的角度来说，文化导入的初级阶段，即教学生“了解什么”和“做什么”是“器”，对于年龄层次较低、认知能力较弱的学生是适用的对高年龄层次的学生，就要使学生认识到不同文化差异的本质，进行整体素质的培养，上升到“道”的高度。

（四）平等原则

无论是在教学中还是在实际交流中，我们首先要了解的是两种文化的关系。外国文化是与本国文化相对的矛盾关系，彼此互相依存，两种不同文化的关系应该是并存，互相学习，互相渗透和互相妥协，而不是一种凌驾于另一种。学习外国文化不是说对方的文化就高于自己的文化，学习是为了更好的交流，不但吸收他人的文化，同时也把自己的文化传播出去。文化平等还意味着排除文化优越感和文化偏见，不要将本文化的价值观当成衡量其他一切文化的标准凡是与本文化相同的文化就是好的，反之则都是坏的。跨文化交流的前提是平等，只有在平等的基础上才能谈交流的成功。不平等的跨文化交流，双方对对方语言的理解再怎么正确，交流再怎么顺畅，对其中一方来说也不是成功的。

因此我们在进行跨文化教学时，要本着平等的原则，去粗存精，吸收外国文化的同时也发展和传播本国文化。

（五）文化本位原则

在英语跨文化传播中，我们要强调学生掌握母语和母语文化的重要性。没有好的母语及其文化基础就不能奢谈外语会学得有多好，跨文化交际能力有多强。只有了解本民族的文化，才能在学习外国文化的同时进行比较，也只有这样，才不至于盲目模仿推崇别国文化，以至东施效颦，适得其反。有人在吸收外国文化的同时就摈弃自己的文化，以至任何时候与人交往都以洋化的做派出现，这种做法，不但会引起本文化民族的反感，甚至真正的“洋人”也会对此不以为然。跨文化传播，并不是说要全盘照搬目的语国家的东西，不是为了进行跨文化交流就可以不顾我们自己的文化。也就是说，跨文化英语教学的重点在于立足本文化。

第二节　走出大学英语教学的困境

一、大学英语的培养目标

大学英语教学并非只是一种语言工具的学习，更重要的是对所学语言的文化的认知，是跨文化交际能力的培养。语言学习一直是人文自由教育最为显著的且是决定性的特征。在21世纪，学习外语越来越重要，语言学习的好处包括：提高对语言的理解力，从而帮助更严密和精细的使用自己的语言；理解阅读外语文本，以及理解跨文化交际的障碍。外语技能和数学及定量的分析技能是通向未来学习和生活的钥匙，如果在早期不发展这些技能，他们的未来学习和生活必将受到限制。这些技能需要在大学进一步深化，如果外语技能和数学在大学不能够使用，学生将会逐渐失去这些技能。大学英语教学可视为扩展国民之间交流和在全球范围内扩展中华文化软实力的重要手段之一。具有良好外语能力、了解外国文化和习俗、积极参与国际交流的国民，无疑对国家形象有良好的促进作用。《大学英语课程教学要求》提出：“设计大学英语课程时也应当充分考虑对学生的文化素质培养和国际文化知识的传授。”

（一）在大学英语教学大纲中明确母语文化和目的语文化的定位

借用梁启超先生划分中国史的方法来明确大学英语教学中母语文化的定位。梁启超先生的《中国史叙论》作为中国通史的纲领，将中国史划分为中国的中国、亚洲的中国和世界的中国三段。中国的文化之所以成为中华文化，是在中国的主要人口发展了成群的共同意识之后。秦汉帝国四百年的融铸，将“中国之中国”定型。在东汉之后，外族入侵加上佛教传入，中国始终有外围的挑战，实际已是亚洲之中国。“世界之中国”始于清乾隆末期球者还可以更加提前。如果中国在“亚洲之中国”阶段就能发展出与其他文化共存平等的心态，以及对其他文化的尊重与认识，则中国在进入“世界之中国”时，不至于心理上毫无准备而一败涂地。今天的中国人已经认识到中国只是世界的一部分，中华文化只是在人类文明中占了一席而已。

大学英语教学的内容要以母语文化为基础，这是学生在跨文化交际中的立身根本。但在大学英语的课堂进行母语文化教学，超出了大学英语教学的要求，也不是大学英语教学单独可以完成的。因此，在大学英语教学中的母语文化内容，以母语文化内容的英译即如何表述母语文化内容为主，同时进行母语文化与目的语文化的对比。

大学英语教学中要涉及其他文化的内容。英语已经是一门公认的世界通用语，除了以英语为母语的国家之外，亚洲、大洋洲、太平洋、加勒比海地区的很多国家，将英语指定为官方、准官方或工作语言。在这种状况下，数百万学生学习英语，把它作为全球性的国际交流语言。就拿中国的亚洲邻居来说，印度、新加坡都通用英语，日本、韩国、马来西亚的英语普及率也很高。全球化的今天，英语已不仅仅被用来与以英语为母语的人士交往，大学生还可能使用英语与来自其他国家的人士交往。因此，大学英语教学的内容在新形势下还必须扩展，但限于大学英语的课时和课本的容量，所以这一部分内容可以作为选修、泛读，或课外阅读的内容。

大学英语教学中目的语的文化学习是重点。学习目的语文化是掌握目的语言所必需，同时学习目的语文化能让大学生意识到自己的文化身份，这也是学生建立文化身份的途径。只有在学生深入了解目的语文化的基础上，学生才能更深刻理解母语文化。同时，学生才能理解中国历史和文化是整个世界历史和文化的一部分，学生才能理解自己不仅仅是中华文化的传承者，也是世界的一分子，是世界文明的延续者。他们不仅要知道孔子、孟子的智慧，也要了解柏拉图、孟德斯鸠的思想精髓；他们不光要知道中国几千年的历史，也要了解世界几千年的发展。这也正是外语教学的桥梁作用。不是让中华文化与西方文化对立起来，或者简单地以民族自豪感取代文化交流中自由和实事求是的态度，而是让学生明白母语文化和目的语文化不是分隔和对立的。要能从不同的历史和文化中吸收养分，让学生成为跨文化人。理解另一种文化会给予人们一个站立的位置，在那儿人们能更好地观察他们出生的文化。

（二）大学英语教学大纲的培养目标和教学中要让大学生达到和具备三个层次的程度和能力

第一层次，让学生能自如地表述自我和母语文化，具备用英语表述母语文化的能力。对西方人来说，中国人和中国的文化都是"文化上的他者"。那么，如何避免西方将中国的民族文化和民族自我淹没在西方式的话语中，就必然依靠中国人对自我文化的阐释和表述。就如著名的导演张艺谋，他对母语文化的大胆表述为他赢得了国际声誉，大学生就要像他那样，用西方人能够理解的方式表述自我以及自己的母语文化。

第二层次，让学生能够深刻理解目的语文化的深层内核，具备对目的语文化的理解能力。对学生来说，目的语文化也是"文化上的他者"，如何避免将目的语文化"他者化"，如何避免文化障碍，是大学生学习的主要目的之一。就如著名的香港电影导演吴宇森，他在好莱坞拍片时所表现出的对美国社会规则、话语体系、意识形态的理解，不亚于美国本土的导演，吴宇森的电影从形式和内容都受到美国文化的认可，吴宇森在好莱坞为自己赢得了很高的声誉。大学生应该像他那样，做到能够理解目的语文化的深层内核。

第三层次，也是终极目标，使学生成为跨文化的人。因为学生所具有的他者身份，可以有意识地与目的语文化价值观保持距离，可以从他者的视角来审视目的语文化，指出西方人习而不察的对他者的冷漠，不但可以令西方人反省自己的文化，也能为自己争取到话语权。同时，学生的他者身份，也为自己提供了一个认识自我的参照，从他者的角度看母语文化会让学生进入反思自我的旅程，学生能重新认识习以为常的社会。跨文化人可以使学生能够以他者的眼光观察母语文化和目的语文化的社会、历史、价值观等。他者的优势就是"旁观者清"，"只有旁观者能综观全局"。通过这样对文化的观察，学生学会反思两种文化模式，重新审视两种文化中的社会价值观，能够更深刻和批判性地认识自我。同时，在这一过程中，学生能建立文化身份，弥合西方与东方，他者与自我。就如著名的台湾地区电影导演李安，他在《卧虎藏龙》中用西方人的视角来表现中国的武侠和功夫，在《断背山》中又用“他者”的视角审视美国社会对“异类”或“异质文化”的漠视和排斥，促使美国人反思美国社会的问题，使美国人批判性地重新认识自我。前者为他赢得奥斯卡最佳外语片奖，后者为他赢得奥斯卡最佳导演奖，在好莱坞真正获得了话语权。大学生就应该能够从边缘的视角审视两种文化，弥合起两种文化，从两种文化中吸收养分。

哈佛大学前校长德雷克·博克说：“教会学生如何在这个多元社会中生活，是大学义不容辞的责任。”在人的身上，没有哪一样东西比语言更能包容起整个族类。语言具有把各个民族分隔开来的特性，但也正是这种特性，使语言得以通过不同话语的相互理解，把个人差异统一起来，同时并不损害他们的个性。人类所付出的许多努力，都不能充实心灵。如今，通向成功的钥匙掌握在人所固有的语言之中。学习母语或母语文化并不仅仅是让大学生通过考试或者应付日常生活，而是要让大学生能够拿起汉语或古汉语的书籍与自己的祖先对话，汲取先哲的智慧。学习英语不能仅为通过托福、雅思、美国研究生入学考试考试，而是让英语成为一座桥梁。当学生拿起一本英文著作时，就可以与西方文明中的智者对话，进行思想的碰撞。通过他者的角度，看到母语文化的优势与弱势；从他者的角度，审视目的语文化。大学生能够成为跨文化人，在两种文化中搭起一座桥梁，使母语文化在面临西方文化的挑战时，不至于成为一个曾经辉煌但逐渐逝去的堡垒，而是在继承中，在两种文化的交流发展中，重新焕发光彩。

二、大学英语的教材——基于通识教育的大学英语教材

早在1828年，耶鲁报告就指出，以心智的训练、人文价值，作为外语学习的存在和理性基础。大学的功能是训练学生的心智，拉丁语和数学是达成该目的的最好工具。如果学生能够掌握这样系统的、有序的、完整的知识体，就掌握了一个可以应用于其他不完整科目的思想体系。学习这样传统的、有序的科目，可以给学生一个完整知识体系，用以在其他科目中追寻知

识。外语教育是人文博雅教育的一个重要组成部分，源于古典教育的外语教育并非单纯的语言学习，还包括语言所承载的知识与文化，通过语言及其承载的文化，外语教育成为人文教育的核心。

通识教育是在大学的人文传统面临专业教育、实用性教育的挑战时，被用以实践的高校的人文传统。通识教育与博雅教育密切关联。外国语言和文化一直是通识教育的重要组成部分。例如，美国高校的通识教育是其课程体系中最重要的组成部分，而外语教育又是通识教育的一个重要部分。哈佛大学的核心课程规定了11个领域。第一领域就是外国文化，而外语学习是外国文化领域规定的重要课程之一。耶鲁大学的通识教育，要求学生学习人文艺术学科、科学、社会科学三个领域的课程。在人文艺术领域，外国语言和文化课程是完成该领域学习的重要部分。外语学习通过理解、借鉴、包容他国的历史与文化价值，从而与大学教育的重要性紧密相连。而这些文化价值又是人文博雅教育的核心价值，因而外语学习和人文学科联系在一起。语言学习不但具有交际的实际应用价值，更重要的是，语言学习与文化鉴赏，与促进和提高分析思考能力、价值甄选能力紧密相连。正是在人文主义思想下，外国语言与文化成为通识教育的一部分。

目前，国内对于国外外语教育的研究以美国为主，兼有对欧洲国家语言政策与语言选择的研究。其次是对香港地区的外语教育（以英语为主）进行研究。但是，美国和欧洲，尤其是美国，有大量移民，其中很多移民的后代在学校选择其家庭传承语言。例如“二战”前，美国移民以西欧国家为主，所以有大量学生学习法语、德语；而随着世界各地移民的增多和对语言与身份、语言与人权的关注，其他国家的移民更关注自己的权利，墨西哥裔的学生以学习西班牙语为主，华裔学生以学习汉语为主等。另外，美国设有各种基金会，例如犹太民族对学习希伯来语的资助，波兰基金会对学习波兰语的资助等，都影响其语言政策和语言选择。美国人因为英语作为世界通用语的地位，对学习其他语言并无太强的兴趣，故此美国人自嘲说讲三种语言的人是trilingual，双语的人是bilingual，而只说一种语言的人是American。

访谈加拿大外教时，她举例说明加拿大因为法语区的独立倾向，所以要求英语区学生必修法语，但是英语的世界影响更大，用处更广，因此学生学习法语没有动力，学生的法语程度并不高，只是完成学分而已。香港地区的英语教育对大陆地区也没有可比性，因为香港地区受英国影响较深，香港人的英语程度较高，英语使用很普遍，有些英语单词甚至进入日常生活。台湾地区高校对中华传统文化的保护和传承好于大陆地区，而且其师生的英语程度也很高。访谈台湾元智大学的学生中，即使是大学一年级的学生也表现出良好的人文修养和英语水平，在国际会议中，为来自世界各地的学者做义工时，其流利的英语和良好的沟通能力，以及在汉语和英语间的自然转换，让人赞叹。因此，以华语教育为主的台湾地区大学的通识外语教学（即大学英语教学），对大陆高校更有借鉴意义。

以元智大学为例。元智大学是一所私立大学，在台湾地区教育部门历次私立大学院校中长程校务发展计划审查、大学校务评鉴、通识教育评鉴等各类评鉴中屡获第一名或优等之佳绩；2003年为台湾地区第一及唯一获得最高品质荣誉的教育机构；2005年获得台湾地区教育部门“教学卓越计划奖”等。元智大学在通识教学部下设国际语言文化中心，承担推展外语与文化的学习环境、国际师生的接待与国际文化的交流。在教学上，元智大学执行通识外语课程、国际师生华语学习。国际语言文化中心下设通识外语组、华语教育组、国际文化及服务组。其中，通识外语组（相当于大陆地区高校的大学英语系），凡元智大学的毕业生需修满12学分的英语课程始得毕业。

元智大学的通识课程提供学生毕业所需的1/4学分，其中必修课程22学分〈包括大学英语12学分，汉语4学分，经典五十2学分，历史2学分，民族伦理法治2学分），选修课程10学分。元智大学的经典阅读五十书包括：

类别A：　论语、孟子、易经、道德经、庄子、传习录、新约圣经、旧约圣经、六祖坛经、金刚经、西方的没落、可兰经、柏拉图对话录（共13本）

类别B：孙子兵法、史记、红楼梦、水浒传、西游记、三国演义、浮士德、神曲、战争与和平、艺术的故事、梦的解析、君王论、民约论、国富论、资本论、人口论、昆虫史、相对论入门、物种起源（共19本）

类别C：唐诗、西厢记、封神演义、曾文正公家书、飘、老人与海、堂吉诃德、史怀哲传、异乡人、源氏物语、齐瓦格医生、罗密欧与朱丽叶、哈姆雷特、麦克白、暴风雨、查拉图斯特拉如是说、美丽新世界、1984、时间简史、费曼的六堂物理课、电学之父法拉第的故事、双螺旋（共22本）

将大学英语系整合进入通识教学部，因为大学英语本身就是通识教育的重要组成部分，而且能够弥补现有大学英语教材的不足，让学生接触到经典作品，同时开阔师生的眼界，促进大学英语教材的改进。对比前文引用的美国大学经典阅读的书单，可以很明显地看出元智大学的经典书目更有包容性，尽量囊括东西方经典，文理兼顾，让学生既能以自我主体为主，又能了解他者，尽可能做到融会贯通。

三、大学英语教材中母语文化的体现

在大学英语教学中，应注意中华文化的表述，帮助学生建立平等的跨文化交际意识。在制定教学大纲时，宏观上的政策要将中华文化提升到与西方文化同等的地位，作为英语教学的一个部分，纳入教学计划。在教材的编写中，应该将中华文化内容分层次、系统地纳入大学英语教材。通过对母语文化的学习，让学生树立民族自信心，提升民族自豪感，在跨文化交际中树立平等的交际意识，培养学生输出中华文化的意识，保证文化的双向传输。英语教材直接影响教学内容和教学目的，目前大学英语教材只注重对西方文化的介绍，忽视了中华文化。而跨文化交际中表达的是双向的交际行为，绝不仅局限于对目的语文化的理解，还包括与对方的文化共享和对对方的文化影响。因此，增加教材中中华文化的内容，是我国大学英语教学需要解决的问题。鉴于中华文化博大精深，不可能面面俱到，因此应选择一些经典的、具代表性的文章编入英语教材。同时，方式应该多样化，可以把中华文化内容作为课文讲授，也可以作为课外阅读材料，或是作为口语、听力的练习内容。让英语教材发挥培养学生人文素质，弘扬民族文化，提高学生语言能力的作用。

在英语教学中，也要融入中华文化。英语教学过分强调学生听、说、读、写能力的提高，使英语课变成了单纯的语言技能训练课。这已经不能满足提高学生跨文化交际能力的要求。所以，在教学中应改变单一的语言技能训练教学模式，实现真正的文化教学。教师还应该在不同的学习阶段，根据学生的学习程度，帮助学生掌握中华文化的英语表达方法，调动学生的积极性，让英语学习者学会用英语向其他国家的人讲述中华文化，让世界了解中国。目前，大学英语教师对跨文化交际的认识存在一定的误区，跨文化交际策略、经验及应变能力都有待提高。大学英语教师应有较深的文化功底，还要有较丰富的西方文化知识，兼具母语文化修养。但是，教师自身的中华文化的英语表达能力还有所欠缺，而这些都会影响到教师的课堂教学。要想在英语教学中融入中华文化，就需要提高教师素质，除了具备语言能力之外，还必须具备良好的文化修养，这样才能胜任教学，实现教学目标。因此，要真正实现在大学英语课堂中对中华文化的传承，英语教师就要加强自身的学习，提高自己的综合素质，担负起在英语教学中融入中华文化的任务。在当前中华文化失语的情境下，大学英语教育应该在教学中渗透中华文化，让学生在跨文化交际中保持自身的文化身份，实现有效的跨文化交际。

四、大学英语的教学

（一）大学英语教学法

目前，在我国大学英语教学中最常见的方法还是语法—翻译法。其逻辑基础在于，认为世界上所有的语言都起源于一种语言，各种语言的语法是共通的，词汇的意义也相似，语言之间的区别仅仅在于单词的发音和拼写不同。所以，教授外语就是进行两种语言的互译，词汇和语法的互相替换。语法—翻译法在学完字母、拼写之后，就会教学生系统学习语法，记忆词汇，阅读。其中，语法教学始终占有重要地位，因为语法是翻译和阅读的基础。课文中须出现需要学习的语法项目，配合语法编写的例句和练习，课文讲解围绕语法。但是，这种方法忽视了听和说，过于强调语法的教学。

其次，比较多使用的是听说法。其逻辑基础是美国结构主义语言学，认为语言是说的话而不是写出来的文字，语言是一套形成的习惯，所以需要大量的刺激和操练。语言教学不是教语言的知识，所以听说法以听说为主，反复操练，以形成习惯。听说法十分重视外语思维，完全拒绝母语。但是，听说法忽视了语言的内容和意义。以句型为操练的对象，学生也许能说出流利的句子，但却不能活用语言进行适当的交际。

最后，在国内影响较大的教学法是交际法。强调培养学生的交际能力，将语法项目按照功能和意念进行整理，语法服从语言功能。以学生为主，让学生接触地道的语言而不是紧紧围绕语法知识。但是，语言的功能项目很难理清，语法、功能、意念很难融为一体。再者，中国教师自己的交际能力尚存在问题，所以影响了这种方法的功效。

目前我国大学英语教学不太重视欧洲大陆的“直接法”，即强调学习第二外语时应参考习得母语的经验。也就是用所谓自然法，模仿幼儿习得母语的过程和方式进行教学。也不太重视“认知法”，即以学生为中心，培养学生自学能力，让学生在实际交流中观察语法，不排斥母语。忽视了“沉默法”“咨询法”“暗示法”等教学方法。

人类自有外语教学开始，就一直在不断追寻最好的教学方法，但没有一种方法是放之四海而皆准的。学习者本身的因素，如年龄、性别、动机、态度、智力、认知方式、家庭影响、天赋、兴趣、性格、学习方法等，都影响学习者的学习成效。我国在大学英语教学中更多地关注教师如何教，忽视了学生在母语和第二语言习得中的差异。大学生已经是成年人，学习的环境和方式也完全不同，学习的目的和过程也不同。大学英语教学要顺应学生的成长和心理过程的变化，重视学生的个体因素。

大学英语教学在面对各种教学法流派，以及针对不同研究对象和视角的研究理论时，需要保持清醒的头脑，博采众长。因为，不存在一种万能的或最好的教学方法。在教学中要根据实际情况，灵活适当地加以实践。正如托克维尔所说：“我们把视线转向美国，并不是为了亦步亦趋地效仿它所建立的制度，而是为了更好地学习适用于我们的东西；更不是为了照搬他的教育之类的制度，我们要引以为鉴的是其法则，而非其法治的细节。”我们可以借鉴和学习欧美的理论与流派。由于文化背景和社会历史的差异原因，对我国大学英语教学的指导作用和影响力还需要本土化的实践和研究，不能将其直接运用于我国的大学英语教学中。

当前，语言研究者和教育者已经意识到语言环境和学习者的个体的复杂性，已经超越了遵循某一种或几种教学法的时代，而进入一个后方法教学时代，一译为方法后教学时代。语言教育者的任务不是去追求最好的教学法，而是去探索能够满足学生需求并且适应学生学习体验和个体差异的教一学策略。

（二）大学英语的教学方式的转变

目前，我国的大学英语教学主要在课堂进行，以教师讲授、学生上课听讲为主。但随着现代科技的发展和教学理论的推进，出现了新的教一学方式。

计算机辅助外语教学，即计算机按人们事先安排的语言教学计划和内容，进行课堂教学和辅助课外练习。随着数字技术的发展和计算机应用的普遍化，以及外语教学中更强调交际能力和文化基础，计算机被广泛用于语言教学，成为合适的培训工具。学习软件的开发，网络互动平台，都给学生提供方便、快捷的学习方式。学生可以在任何适宜的时间、地点进行学习，自己确定课程进度。学生面对计算机没有心理压力或“丢面子”的问题。计算机辅助教学有助于学生形成个性化学习，也有助于大学英语教师保存学生的学习记录和教学资料。

个性化学习。源于人本主义的教育观，满足学生对课程自我掌控的要求，学生选择个性化的学习方案，使用规定的或自学的材料，自己设定学习进度。个性化学习尊重学生的个性，教师根据学生的兴趣、特长、需求进行调整，学生是一种自主性的学习。教师从教授者和权威转变成学生的合作者，甚至是学习者，学生不再是被动的听讲人，而是主动的合作者，能促进学生形成终身学习。

以目标为指导的外语教学。教师和学生建立平等的伙伴关系，共同努力以达到一定外语能力、程度的要求。目标具有激励作用，可以将人的需要转换为动机，并将学习结果与目标进行对照，及时调整，直至达成目标。

自主学习。较为新兴的语言学习方式，是与传统的被动接受性学习相对应的学习方式。利用已经开发好的语言学习材料，由学生自己进行自主学习，给学生配备语言导师进行语言的实际操练，在学习完成后，进行测试和评估。以学生作为学习的主体，通过学生独立的观察、分析、实践来达到学习目标，培养学生自己收集和处理信息的能力，分析和解决问题的能力，以及交际和合作能力。自主学习能有效利用教师资源，降低高校开设语言课程的成本。

海外学习。有条件和获得经济资助的学生可以到目的语国家进行语言和文化的学习或考察。台湾地区的大学产学合作和教育实习计划，对大陆地区高校的大学英语教学改革和实践能提供有意义的参考。元智大学的通识教学部下属国际语言文化中心，设通识外语组（大学英语）、华语教育组、国际文化及服务组。元智大学与邻近社区的中小学及相关产业建立合作关系，提供学生应用所学的机会以提升服务经验。另如：为学校的天下文化出版社负责编译及校稿，与桃园国际机场采盟免税店建教合作，每年暑期选派学生前往实习，支援桃园县政府英语补救教学计划，以及帮助英语实习学校和“中山国小”。大学生既可以练习所学英语，又能在实践中得到锻炼，一举两得。华语教育组能提供大学生和大学英语教师积极参与服务外籍师生和社区外籍人士的华语课程的机会，既有利于宣传中华文化，也能使大学生练习英语，同时在与外籍人士的交往互动中领悟文化异同和交际策略。国际文化和服务组则提供大学生和大学英语教师参与学校举办的元智与世界的文化对话活动，通过演讲、留学、游学、文化交流等活动，让师生拥有更多国际交流和提升自我的机会。

（三）批判性思维

批判性思维是一种评估、比较、分析、批判和综合信息的能力。批判性思维者愿意探索艰难的问题，包括向流行的看法挑战。批判性思维的核心是主动评估观念的愿望。在某种意义上，它是跳出自我、反思自己思维的能力。批判性思维者能够分析他们观点的证据的质量，考察他们推理的缺陷。

美国的教育委员会做了一个调查研究显示，大学本科教育最重要的目的，是培养学生的批判性思维能力。不断加强培养学生的更高层次的能力，特别是批判性思维的能力，是适应社会对受到良好教育的人的需要。这对个人的成功和国家的需要都有核心的重要性。

语言学习对批判性思维能力、理解情境、进行合作和反思行动的能力都有着重要作用。2007年美国现代语言协会的报告指出，不能仅仅强调外语学习的工具性目标，更需要通过外语培养学生的批判性思维能力，学习一门外语，用外语进行思维，是最适当不过的精神操练。由此，人们将能获得一种不局限于某一具体语言的更一般、更正确的语感。把语言看作一种世界观，也可以把语言看作一种联系起思想的方式，实际上，语言在自身中把这两种作用统一了起来。外语教学能够使思维更加敏锐，培养严密和具有逻辑的思维能力。外语教学所具有的内在价值，就是在促进学生语言发展的同时，提高学生的批判性思维能力。

大学英语教学的听、说、读、写技能训练，就是培养学生批判性思维的过程。听、读就是对吸取的信息不仅了解其事实、信息和观点，还要辨别和了解信息的论证，对其论证做出自己的判断和认识——做出整体判断，是否可以接受，哪些可以接受，哪些不能接受，哪些需要修改，哪些可以辩驳，从而形成自己的观点和理论。说和写实际上就是使别人相信并接受自己的观点，需要把思想过程和结论清晰、完整、有效地传达给受众。说出和写出好的论证就是批判性思维的体现。不论是反驳已有的论证，或是阐明自己的论证，都能体现出学生的分析、论证和表达的能力。

许多大学英语写作题目本身就反映了批判性思维正一反一正的论证过程。在实际大学英语教学中，写作要求在学生完成议论文时，根据给出的题目提供相应的信息资料，就某一方面的问题提出解决办法，阐述论证该观点，或者挑战和评价、反驳所给的观点。要求提供充分有力的证据，包括推论、事实、数据、可靠权威人士的观点，论点明确，论据充足，语言流畅；文章不论长短都必须分析和论证，给出理由支持，所有的事实和论证都应符合逻辑，与各部分紧密结合；要把问题的正反两方面都考虑进去，采取对论证的公正和诚恳的态度，连贯一致，条理清晰，结构合理。

五、大学英语的师资

2010年耶鲁大学的课程学习蓝皮书指出，语言学习是人文博雅教育最为显著和决定性的特征。随着全球化的深入，我们越来越多地与世界各地的人士接触，国家内部越来越多的农村人口和外籍人士涌入城市。作为不同程度交际的复合体，对文化维度的知识实际上十分必要。外语成为现代人必备的素质之一。在这样一个多元化的时代，跨文化交际能力是跨文化人必备的素质，这必然对外语教育提出更高的要求。外语教师作为教学活动的实施者、组织者和管理者，必然面临更大的挑战和压力。大学英语系面对学校不同专业的学生，教师主要进行语言和文学研究。为适应外语教育的发展，外语教师必须接受更严格和更广博的培训。本书研究主要关注的是大学英语师资的培训及整合。

（一）大学英语教师的培训

国外教师培训主要指的是业务方面。国内的教师培训，包括政治思想和业务两方面。政治思想包括爱国主义、集体主义、敬业精神、忠诚于教育事业、认真负责的工作态度等方面；业务方面则常常将大学英语教师培训简化为外语培训，即提升教师的语言技能，例如对教师的阅读、听说、写作、翻译等进行培训。很多学生、家长甚至教师本身都认为，一个人只要学会了英语就能够教英语，一个人只要英语水平高就能教好英语。这种看法并不正确。教师培训应该包括“教什么”和“如何教”两方面。

“教什么”并不简单地指“教外语”，教语法、词汇、课文等。因为语言本身包括语音、词汇、语义、语法、篇章、语用，语言技能包括听、说、读、写、译。但语言不仅是符号系统，是人与人相互接触时所使用的交际工具，是人与人之间传达信息或表达思想的媒介，也是使用这种语言的民族历史文化的载体。语言就像一面镜子，反映了民族历史、文化、心理素质的深层结构，隐形地规范着一个民族看待世界的价值标准和思维方式。许多学生、家长和教师认为外语学习的目的主要是能够与目的语国家的人员进行商务、教育等方面的交流。这显然是受到语言工具论的影响，只看到了语言在具体的人际交往中的功能，而忽视了语言所负载的文化。语言是文化的载体，涉及文化的方方面面，蕴含着哲理和智慧，在教授语言的同时也在传授文化。

大学英语教学实践中所强调的词汇、语法、篇章，都与文化密切相关。单词的意义通常是文化所决定或限制的。不同文化的特征，经过历史的积淀，都在词语中留下了痕迹。英语是具有严格语法规则的语言，汉语的语法则相对灵活。两种语言的差异与文化传统和思维方式有关。语言的推理方式可以从语言的行文中看出来。对不同文化背景的英语学习者所写的文章进行分析，发现学习者在逻辑层面和篇章结构上受到不同文化因素的影响。英语篇章呈直线型，常用演绎。汉语篇章呈螺旋型，句子之间没有太多的连词，是靠思维的连贯与语义的上下呼应，来表达完整的意思。

可见，只强调语言的工具性，单纯进行语言技能的训练，是无法真正学好和教好一门语言的。因此，学生和教师为达到学好英语的目的，必须在语言教学中涉及文化教学。没有文化教学的语言教学是枯燥的和无意义的。一个人不可能学习使用一门语言，而不学习有关说这种语言的人的文化。

针对大学英语教师在师资培训中必须突出语言的文化内涵这一点，外语教师在学习语言的同时，必须学习文化知识，在教授语言的过程中，必须涉及文化。在大学英语教师培训中应包含世界政治、经济、文化内容。

目前，在大学英语教师培训中，“如何教”主要指教学法。一般认为，“如何教”就是指教学方法。李岚清就曾说过：由于教学方法的不够得法，我国知识分子的总体外语水平不但不如发达国家，也不如许多发展中国家，什么时候我们能找到一种适合中国人有效的学习外语的方法就好了。外语教学涉及语言学、心理学、社会学、人类学、教育学等相关学科，教学法只是“如何教”的一个方面。“如何教”还包括二语习得、语言学习的过程、学习者个体差异等方面。

当前教学法研究理论与实践都源于西方国家，缺乏本土化的经验。国际上英语教学领域主流教师的教育方法，往往缺乏非常重要的社会-政治维度，正是这一维度才能使英语教学在其所处的社会、文化、经济、政治等复杂环境中得以本土化。所以，在“如何教”的培训方面，教学法只是一个方面，还需兼顾其他很多因素。在后方法教学时代，教师的任务不是去寻找或应用最好的教学法，而是去实践既能够满足学生需求，又能适应学生个体差异的教与学策略。

（二）大学英语师资的整合

外语的重要性，以及学生、社会对大学英语教学的更高要求，促使大学英语教师接受更高难度和更深层次的培训，同时，教师还需要具备广博的知识和文化素养。但是，大学英语教师在繁重的教学工作之外，很难抽出大量的时间进行长期系统的培训。对主要毕业于外语专业的大学英语教师进行跨学科的培训，不是短期培训可以见效的，如何保证大学英语的教学质量呢？

这就要进行大学英语师资的整合。

美国的大学基于其自身的文化传统和社会现实，选择在外语院系之外成立语言中心。例如哈佛大学、耶鲁大学，都设立了专门的语言学习中心，为学生的外语学习和教师的发展提供支持，确保大学生在校期间的外语学习质量，帮助学生达到通识教育的外语技能要求。我国大学借鉴其经验尚需本土化的实验，华语教育的中国台湾地区大学的实践，可以为大陆地区大学英语师资整合提供有价值的参考。

以元智大学为例。为了因应高等教育全球化的趋势、迈向国际化和双语化的目标，学校在人文社会学院下设应用外语系，在通识教学部下设国际语言文化中心，承担推展外语与文化的学习环境，国际师生的接待与国际文化交流。在教学上执行通识外语课程和国际师生华语学习。凡元智大学的毕业生需修满12学分的英语课程始得毕业，同时为增加与国际接轨的语言能力，开设通识语言类课程，含日语、俄语、德语、法语、韩语、西班牙语等。在国际化的同时，华语成为重要国际语言。服务外籍师生及宣导中华文化，特开办华语课程，同时为服务社区的外籍人士，提供随班附读的机会。以文化交流为目的，外籍师生服务为主轴，举办元智与世界的文化对话，通过演讲、留游学等宣导，文化交流周等活动，向本校师生提供更多的国际文化交流的机会。

其中通识外语组相当于大陆地区高校的大学英语系，凡元智大学的毕业生需修满12学分的英语课程始得毕业，同时为增加与国际接轨的语言能力，开设通识类课程，含日语、俄语、德语、法语、韩语、西班牙语等。为提升学生的英文能力，依能力进行分级授课，统一教材，统一命题。

国际文化及服务组为拓展师生国际视野，以文化交流为目的，外籍师生服务为主轴，经常举办元智与世界的文化对话，通过讲演、留游学宣传、文化交流周等活动，提供给师生更多的国际文化交流的机会。

国际语言文化中心执行全校大学英语教学课程，并建构提升自我学习外语与国际化之数字化设备与国际化生活环境。强化学生外语能力，提升国际竞争力，并配合国际化政策，以进行各单位与国际学术文化交流业务。中心负责规划及执行全校性各项英语、第二外语及华语课程，协办各种语言测试及艺术活动，以提振校园外语学习环境，提升师生国际视野与文化涵养。

将大学英语教师整合进入国际语言文化中心，与对外汉语教学的师资和外事交流与联系的师资整合，形成跨语言、跨文化的团队。同时，将国际语言文化中心设为通识教学部的下属分支。元智大学通识教学部的师资涉及佛学、易学、流体艺术、中国文学、东南亚华文文学、公共组织与管理、非营利组织与管理、哲学、美学、教育学、物理、环境工程、化学、心理学、梵语、巴利语、俄罗斯政治思想史、诗学、人类学、家庭研究、儿童发展等多个学科，使大学英语师资能够形成跨学科的团队。大学英语教师在交流、各种活动、教学中都能够很快获得帮助和所需的资讯，师资整合给大学英语教师提供了一个自然地提升自我、丰富自我的过程。

大学英语教师是大学英语教学能否走出困境的关键之一，进行大学英语教师培训，以及大学英语教师和其他相关学科教师的整合，是比较好的解决问题的方式。

六、大学英语的测试

语言测试主要用于语言教学（即用来衡量学生的学习效果，检查教师的教学质量，教与学两方面都需要语言测试这一手段进行评估）；语言研究和教学研究（例如语言测试理论已经是比较成熟的学科）；选拔人才（如出国、留学、升学、晋级、职称等）三个方面。其中，应用于语言教学是最为普遍的。虽然测试不能代替教学，但测试能帮助教师或者教学管理者了解教与学的实际情况。通过测试，给学生一定的学习动力，也能激发教师的潜力。语言测试可以分为：

成绩测试。以教学大纲为参照和基础，即教什么考什么，主要作用是用以检查教学效果，了解学生学习中的问题和难点，激发学生的学习动力，例如毕业考试、期中考试等。

水平测试。即不以教学大纲为参照或基础，不以任何教材为蓝本，而是从整体上了解应试者的水平和程度。水平测试主要用于选拔性考试，例如托福、雅思试等。

语言天赋测试（主要针对语言专业的学生）。按照阅卷方式，语言测试也可以分为主观测试（试题的答案较为灵活，是评阅人根据自己的水平和观点进行阅卷、判断、评分，例如翻译、作文、口语考试，但是阅卷和评分的工作量极大，不同的评阅人其评分标准也很难统一，很难应用于大型考试）和客观测试（答案比较固定，评分不受阅卷人的喜好、兴趣、观点等个人因素影响，能最大限度地排除主观因素，适用于大规模标准化测试）。

语言测试还可以区分为常模参考性测试和标准参考性测试，区分的标准是如何解释考试成绩。前者将考生的成绩放在一起比较，分出上中下等排出名次，把应试者的水平区分出来，后者只是看应试者是否达到标准，而不考虑在所有应试者中的位置如何；前者一般不规定教材，是比较全面的考试，后者是规定了考试的内容或能力，看应试者是否达到标准；前者应用于分级考试、水平测试，后者应用于成绩测试、诊断性测试等。

语言测试具有一定的科学性和可靠性，但是仍然存在局限性。例如，语言水平本身就是一个比较抽象的概念，如何定义水平，如何测量语言水平，都是需要思考的难题。即使对学生进行全面测量，从听、说，、读、写、译各个角度全部测评，还是会出现偏差。语言是文化的载体，语言测试可能涉及一些学生非常熟悉的领域，也可能涉及非常生僻的领域，这些都有可能影响学生的测试成绩。语言测试最常见的是考核听与读两方面。因为听力与阅读这两项是最容易评分和使用机器阅卷的，写作和翻译就很难评分，而且也无法用机器阅卷。至于口语测试，则需要大量的口语考官和时间。目前我国的大学英语四、六级考试中，只有超过规定分数线之上的学生，才有资格参加四、六级口语测试。语言测试的并不是真实的在交际场合的实际交际行为，也不是为了交际目的而使用的语言，只是为了考试而读、听、写。即使是口语测试，师生之间也不是真正的交际。考官像念书一样根据考题提问，学生也是不自然地回答问题，对有准备的题目有时就像背书一样。

全国性的大型、标准化测试对教学工作有利有弊。它既可以让全国高校有一定的、比较明确的目标和指导，有统一的衡量标准，也可以促进各个高校认真对待教学管理工作。但这种大型考试的设计与实施存在很多问题。例如考试内容很难兼顾全国各地、各高校的不同情况，考试设计起来客观题多，主观题少，因为大规模测试主要依靠机器阅卷。主观题少，难以反映学生真正存在的问题和水平。

客观题测试把语言分成许多碎片，通过对这些碎片化的语言知识的测试，测到的只是对某一项语言知识的了解。但是，对语言知识的了解与语言的实际运用不一样。语言的实际运用并不是将这些知识的碎片加在一起就行的。澳大利亚语言中心的外教就指出，中国大陆地区留学生即使雅思或托福的分数很高，但在澳大利亚大学课堂还是存在听不懂、说不出、写不好等问题，澳大利亚语言中心还特别指出，很多留澳的中国大陆地区学生都是参加过新东方学校的培训通过考试的，新东方学校的语言技能和应试技巧培训并不能满足留学澳洲的要求。因此，针对中国大陆地区留学生专门开设学术英语等培训项目，例如教学生填写申请表、写申请信、研究计划等，以适应在澳洲的留学生活。由此看出，测试只是在一定程度上反映了学生的实际水平。

考试是检测外语教育质量的重要方式。目前，对非英语专业大学生影响最大的就是大学英语四、六级考试。随着学生外语水平的提高，社会和学生本身都对外语教育提出更高要求，社会上大多数单位还将四、六级成绩作为判定学生英语水平的标准，但是已经有外资企业和一些对外语要求更高的单位质疑考试是否真实地反映了学生的语言水平。四、六级考试的客观性和对教学的一些积极促进作用应该受到肯定。但是，四、六级考试也要随之做出相应改进，因为学生的实际英语水平无法满足工作需要。访谈两名先后进入德国西门子公司和法国阿尔卡特公司工作的电子、电信专业的大学生，得知两家公司的人力资源部对他们所进行的英语测试，都是由其外籍员工直接对求职学生进行长达近两小时的英语交谈，并由此断定学生的英语水平是否达到公司的要求，是否进入下一轮的专业测试。

我国2003年启动高等教育质量工程并对大学英语四、六级考试进行改革，但迄今尚未实现评估方式的多样化。期中、期末考试仍是成绩测试，主要考查学生完成课程的情况。大学四、六级考试仍是水平测试。目前我国的大学英语教学中，师生还是要面对各种测试。在考试的压力下，师生一定还是以通过考试为主。因此，前文所提到的大纲、教材、教师、教学的改革，如果要顺利进行，必须进行测试的改革。通过测试的改进，推动大学英语教学的改革和质量提升。

接受访谈的加拿大和美国外籍教师，他们在介绍国外的语言教学测评中，并不单单是一次期末考试决定学生的分数，而是由多个方面构成的，其中教师的权限比较大。例如严格按照学生的课堂参与进行打分，学生即使在课堂但是不积极参与讨论、不积极回答问题，也拿不到分数。相比之下，国外教师的权限较大，而且对学生出勤的考察更为细致、具体，也更严格。教师不光对开设各种英语课程有一定自由度，而且能充分发挥教师的潜能和长处，有助于形成教师的权威感，同时提升学生的出勤率、课堂参与程度，更认真地对待课程作业和小测验。除去期中、期末考试外，平时成绩和作业成绩都强调学生的积极参与以及教师的主观测评。与国外的外语测试类似，家庭作业、口头展示、自我评估、访谈、问卷等，都有助于师生之间的沟通，强调学生的积极参与和配合。教师的观察与判断，以学生的表现和进步为基础。在这些项目中，教师可以进行主观测试，例如突出语言的文化功能，可以综合考查学生的语言能力、交际能力和跨文化交际能力。

针对我国的大学英语教学质量，目前最主要的测量工具是各学期的期末考试，以及大学英语四、六级考试，以通过率、考分等衡量学生水平。期末考试对学生的要求、不及格率都有严格的控制，学生只需按照重点内容复习就能过关。大学英语四、六级考试是比较严格和正式的测试，但是面对来自社会的质疑，用人单位对大学生不同层次的要求，四、六级考试本身也面临着改革。当大学生面临出国、求职、深造等多种选择时，会参加不同类型的国外英语水平测试。为避免学生在参加四、六级考试之外又重复参加其他考试，造成人力和财力上的浪费，应该使考试多元化，让学生有更多的选择，避免一种考试的局限性。

我国应该进行大学英语测试的综合改革，提高大学英语教育的质量。将访谈、问卷、展示、报告、讨论、档案袋评价〈即将学生的学业成果系统的和有选择的收集起来，展示其学习动机、学业的进步、成绩的级别等）等评估方式，应用到大学英语测试中。学生的成绩是形成性评估，最终对学生大学英语学习的综合评价可以不单以四、六级考试做标准，而是综合几种外语考试，让学生有多重选择。

大学英语的培养目标要以母语文化为基础，以母语文化内容的英译即如何表述母语文化内容为主，同时进行母语文化与目的语文化的对比。目的语文化的学习是重点，学习目的语文化能让学生意识到自己的文化身份。大学英语教学的桥梁作用，不是让中华文化与西方文化对立或者以民族自豪感取代文化交流中的实事求是的态度，而是让学生能够从不同的文化中吸收养分，成为跨文化人。

大学英语的培养目标要让大学生达到三个层次的能力。第一，让学生具备用英语表述母语文化的能力，避免西方将中国的文化和民族自我淹没在西方式的话语中；第二，让学生具备对目的语文化的理解能力，避免将目的语文化"他者化"；第三，使学生成为跨文化的人。他们可以从他者的视角来审视目的语文化，指出西方人习而不察的问题，令西方人反省自己的文化。从他者的角度看母语文化，会让学生反思自我，能重新认识习以为常的社会。"跨文化人"可以使学生以他者的眼光观察母语文化和目的语文化，反思两种文化模式，在这一过程中建立文化身份，弥合他者与自我。

基于通识教育的大学英语教材，使语言学习具有交际的应用价值，更重要的是，与文化鉴赏、提高分析思考能力、价值甄选能力紧密相连。正是在人文主义思想下，外国语言与文化成为通识教育的一部分。华语教育的台湾地区的通识外语教学（即大学英语教学），将大学英语系整合进入通识教学部，能够弥补现有大学英语教材的不足，让学生接触到经典作品，同时开阔师生的眼界。

增加教材中的中华文化内容，是我国大学英语教学需要解决的问题。大学英语应该在教材的编写中，将中华文化内容分层次、系统地纳入大学英语教材。跨文化交际是双向的交际行为，绝不仅限于对目的语文化的理解，还应包括与对方的文化共享和对对方的影响。

我国在大学英语教学中更多地关注教师如何教，即各种教学法，忽视了学生的能动作用。大学英语教学要顺应学生的成长和心理过程的变化，重视学生的个体因素。在大学英语教学中面对各种教学法流派要博采众长，可以借鉴欧美的理论与流派，但不能将其直接运用于我国的大学英语教学中，还需要本土化的实践和研究。目前已经进入后方法教学时代，教师的任务是去探索能够满足学生需求，并且适应学生学习体验和个体差异的教一学策略。大学英语教学所具有的内在价值，就是在促进学生语言发展的同时，提高学生的批判性思维能力。

我国的大学英语教学主要在课堂进行，以教师讲授、学生听讲为主。随着现代科技的发展，出现新的教一学方式，如计算机辅助外语教学，个性化学习，以目标为指导的外语教学、自主学习、海外学习等。与邻近社区的中小学及相关产业建立合作关系，大学生既可以练习所学英语，又能在实践中得到锻炼。大学生通过积极参与社区外籍人士的华语课程和服务于外籍师生，既有利于宣传中华文化，也能使大学生练习英语，同时，在与外籍人士的交往互动中，领悟文化异同和交际策略。提供大学生演讲、留学、游学、文化交流等活动，使其拥有更多的国际交流机会。

因应英语教育的发展，大学英语教师的师资培训中必须突出语言的文化内涵。国内的教师培训包括政治思想和业务两方面，业务方面则常常将大学英语教师的培训简化为提升教师的语言技能。教师培训应该包括“教什么”和“如何教”两个方面。“教什么”并不简单地指“教外语”。语言是文化的载体，在教授语言的同时，也在传授文化。因此，大学英语教师在进行语言培训的同时，必须提升文化知识的内涵。目前在大学英语教师培训中，“如何教”主要指教学法，但外语教学涉及多个相关学科，"如何教"还包括二语习得、语言学习的过程、学习者个体差异等方面。

大学英语教师难以保证抽出大量的时间进行长期系统的培训。对毕业于外语专业的大学英语教师进行跨学科的培训，不是短期培训可以见效的。要保证大学英语的教学质量，可以进行大学英语的师资整合，成立语言中心或将大学英语教师整合进入通识教育。通识教学部的师资涉及多个学科，使大学英语的师资形成跨学科的团队。师资的整合，给大学英语教师提供了一个提升自我、丰富自我的过程。

进行大学英语测试的综合改革以提高外语教育的质量。将访谈、问卷、展示、报告、讨论、档案袋评价等评估方式，应用到大学英语测试中。学生的学期成绩是形成性评估，最终对学生大学英语学习的综合评价，不再以单一考试做标准，而是综合几种外语考试，让学生有多重选择。

第三节 大学英语教学中跨文化教育的实施途径

一、大学英语教学中跨文化教育的内容

（一）跨文化教育的定义

联合国教科文组织在1992年的国际教育大会上发布了《教育对文化发展的贡献》，在这篇文章中首次明确提出了跨文化教育的概念。

基本解释是："跨文化教育是对呈现某一文化的人类群体的受教育者进行相关于其他人类群体的文化教育活动，以引导这些受教育者获得丰富的跨文化知识，养成尊重、宽容、平等、开放的跨文化心态和客观、无偏见的跨文化观念与世界意识，并形成有效的跨文化交往、理解、比较、参照、摄取、舍弃、合作、传播的能力，从而通过教育层面的努力，消除文化冲突，建构和谐的跨文化社会，促进整个人类社会的发展。""跨文化教育"要"能促进对文化多样性的尊重、相互理解和丰富，……""增进国际理解，并使同各种排斥现象作斗争成为可能""其目的应是从理解自己人民的文化发展到鉴赏邻国人民的文化，并最终鉴赏界性文化。"

（二）大学英语教学中跨文化教育的内容

（1）干扰言语交际的文化因素，包括招呼、问候、致谢、致歉、告别、打电话、请求、邀请等用语的规范作用，话题的选择，禁忌语、委婉语，社交习俗和礼仪，等等；

（2）语言交际的表达方式，如手势、体态、衣饰、对时间和空间的不同观念，等等；

（3）词语的文化内涵，包括词语的指代范畴、情感色彩和联想意义，某些具有一些文化背景的成语、谚语和惯用语的运用；

（4）通过课文学习，接触和了解相关的英语国家的政治、经济、史地、文学及当代社会概况；

（5）了解和体会中西方价值观念和思维习惯上的差异，包括人生观、宇宙跨文化视角下的大学英语教育探索观、人际关系、道德准则以及语言的

表达方式，等等。

二、大学英语教学中跨文化教育的实施途径

（一）大学英语词汇中的跨文化教育

语言学家鲍尔斯在《语言与思想》一文中论述："在思维方面对语言和文化最有影响力的是词汇！"词汇是语言的基本要素，其含义和用法体现民族与文化间的差别。尤其英语习语是英语语言的瑰宝，是英语文化的一面镜子，并且短小精悍，便于学生记忆。

因此，在英语教学中，教师应重视词汇的文化内涵，加强英语词汇中的跨文化教育。

1. 指示意义相同的词汇在不同文化中所产生的联想不一样或者截然相反

例如，一些颜色的词汇为不同语言和文化所共有，然而他们的文化内涵却截然不同。西方人们习惯用蓝色（blue）来表示消沉、淫秽、色情、下流等负面的含义；但在中国文化中人们用蓝色来表示宁静、祥和、肃穆，而猥琐下流的意思却用黄色来表示。同样绿色（green）在不同的文化中内涵也不同，在西方国家绿色被联想为"稚嫩、不成熟""缺乏经验"，而在中国文化中，绿色象征生命，代表春天、新生和希望。在中国文化中，人们过年、过节都喜欢用红色饰物装饰自己的家居，婚礼上新娘穿红色的眼装表示喜庆、吉祥。用"红"作语素的词一般都包含兴旺、繁荣、成功、顺利、受欢迎、流行等含义，如：红利、红运、红榜、开门红、红人等。而在讲英语的国家，红色多用来表示恼怒、气愤的意思抑或还有其他负面的含义，如：红灯区（red-light zone）是妓女出没的场所。

在谈到中国农民时，中国人往往称其为peasant，而在西方国家，peasant一般指未受过教育的，社会地位低下的，或举止粗鲁、思想狭隘的人，带有明显的负面含义。在汉语中，"农民"指的是直接从事农业生产劳动的人，无论在革命斗争中或是在社会主义建设中都是一支重要的生力军，丝毫没有贬义。如"ambition"一词中文翻译成"野心"，在中国文化中，人们经常使用"野心家""野心勃勃"等，不难看出该词在中国文化里具有负面的含义；而在西方文化中，"ambition"是指"远大的抱负、理想"等正面、积

极向上的内涵，这正是西方人所崇尚和追求的价值观。柳树在中国文化里被赋予分离、思念的联想意义。由于“柳”与“留”谐音，在长期的文字使用过程中，人们将“挽留、离别、思念”等这样的含义赋予“柳树”也是很自然的。在离别时古人有折柳送别的习俗。唐代大诗人王维在送好友元二出使安西的时候，也留下了“客舍青青柳色新”的佳句。而柳树（willow）在英语中与中国文化中的“柳树”有着不同的联想意义。在西方柳树常常使人联想起悲伤和忧愁，多与死亡相关。如在莎士比亚的《奥赛罗》（Othello）中，戴斯德蒙娜（Desdemona）就曾唱过一首“柳树歌”，表达她的悲哀，同时暗示了她的死。在经历了巴比伦之囚以后，犹太人把马头琴挂在柳树上，寄托他们对耶路撒冷的思念。在德莱顿所写的Secret Love中，柳树也有这样的联想意义：If you had not forsaken me，I had you；so the willows may flourish for any branches I shall robe them of. 这些都表明willow在中西方虽同指相同的物体，但它们的联想意义却不同。

中西文化中月亮的象征含义不尽相同。月亮在中国文化中象征意义十分丰富，它是美丽的象征，创造了优美的审美意境。“月亮”象征团圆，它能引发人们对团圆的渴望、团聚的欢乐以及远离故乡亲人的感伤，还能使人联想到“嫦娥、吴刚、玉兔、桂树”等神话传说。同时，月亮也是人类相思情感的载体，它寄托了恋人间的相思，表达了人佃对故乡和亲人朋友的怀念。在失意者的笔下，月亮又有了失意的象征。而月亮本身安宁与静谧的情韵，创造出的静与美的审美意境，又引发了许多失意文人的空灵情怀。高悬于天际的月亮，也引发了人们的哲理思考，月亮成为永恒的象征。自古以来，又有多少咏月诗词表达了“花好月圆人长寿”的美好愿望。而在英美文化中，月亮在月圆时象征着富饶，而在月缺时象征着死亡、风暴和毁灭。由于古罗马人相信精神受月亮的影响，所以人们认为精神错乱是由月亮引起的。月亮还被认为是使内心发生冲突、极度烦恼的原因，因而影响着精神病的病发。英文“lunacy”（疯狂）和“lunatic"（疯子）都源自月亮。

这些文化内涵不同的词汇容易导致学生的理解错误，因此交际者必须十分注意这些具有民族文化背景的词汇。

2. 指示意义相同，在一种语言中有丰富的联想意义，在另一种语言中却

没有的词汇

例如“竹子”这种植物就与中国的传统文化有着深厚的关系。中国人常用竹来以物喻人，表达自己坚贞、高洁、刚正不阿的性格。“雪压枝头低，虽低不着泥；一朝红日出，依旧与天齐”，这是明太祖朱元璋给予竹的刚正之誉；邵渴的《金古园怀古》：“竹死不变节，花落有余香”，欧阳修的“竹色君子德，猗猗寒更绿”，等等。与之相反的是bamboo（竹子）一词在英语中几乎没有什么联想意义，它只是一个名称而已。在中国传统文化中，“九”是表示最多、最高的大数，又因为“九”与“久”谐音，人们往往用“九”表示“长久”的意思。历代帝王都崇拜“九”，希望长治久安。因此，皇帝穿九龙袍，故宫房屋有9999间，每个门上的铜门钉也是横竖9颗，共有九九八十一颗门钉，取“重九”吉利之意。而在英语中，nine（九）并没有特殊的内涵。

3. 各自文化中特有的词汇，即文化中的词汇缺项

语言的词汇系统总是依附于其社会文化，历史长河中一个国家曾有过的文化个性都会在语言文字上留下不可磨灭的印记。由于汉英民族在宗教信仰、自然环境、政治体系、经济发展水平、历史传统、价值取向等诸方面的差异，各个民族的文化中都有大量为该民族文化所特有，而为另一文化所无的特殊现象，这样就难免在另一文化中造成“真空”地带，即文化“零对应性”，也就是汉英文化中的词汇缺项现象。曾经在中国北方农村常见的“炕”对多数英语国家的人来说，如不亲眼目睹，亲自尝试，是完全难以想象的。如翻译成英文，则必须给予适当的解释和说明：Kang：a heatable brick bed。类似的还有“冰糖葫芦”。又例如汉语中的“阴阳”很难确切地译为英文，在英文里没有合适的对应词，这是因为中国的哲学思想或价值观念与西方的不同。“阴阳”本源于中国古代道家的学说，他们认为世界万物都有阴阳两面，相克相生，互相转化。同样，英语词汇中也存在着诸如motel（汽车旅馆），hot dog（热狗），time clock（打卡钟，备有谊录员工上下班时间装置的钟）等词汇，在汉语中找不到对应词甚至近义词。

同样，像cowboy，hippie，Dink这样的词虽然被译成汉语，但不了解西方文化的人并不能确切知道他们到底是些什么人。在课堂教学中，首先要让

学生弄清缺项词语在两种语言中的真正文化内涵，然后可通过音译、直译或意译并在译文中加解释说明或文化诠释来处理词语空缺造成的交际障碍，从而使跨文化交际得以顺利进行。

（二）大学英语语法和篇章教学中的跨文化教育

1. 大学英语语法教学中的跨文化教育

语法是语言表达方式的小结，它揭示了连字成词、组词成句、句合成篇的基本规律。每一种语言都有其独特的语法体系，不同的语言使用不同的语法系统和规则来指导和评价该语言群体的语言使用。英语是一种形态语言，其语法关系主要是通过其本身的形态变化和借助一定的虚词来表达的。英语句子多靠形合，汉语句子多靠意合。英语句子能够形成紧凑严密的树形结构，是因为有各种连接词起到了黏合剂的作用。汉语句子的线性结构灵活流畅，是因为没有过多的“黏合剂”，句段之间可不用任何连接符号，而靠语义上的联系结合在一起。如“if winter comes，can spring be far behind？"（冬天来了，春天还会远吗？）一看到连词if两句的语法关系便了然于胸。与英语句法比较，汉语重语义，轻形式。对汉语句子理解一般要靠环境以及文化背景等方面因素的整体把握。如：“打得赢就打，打不赢就走，还怕没办法？”毛主席这句脍炙人口的名言，看上去像是一连串动词的堆砌，几个短句之间无连接词语，但其上下文的语义使它们浑然一体。

如要表达“他是我的一个朋友”，不能说“He's my a friend”，而应该说“He's a friend of mine”，双重所有格准确地体现了“他”与“我的朋友们”之间的部分关系。这就是我们常说的英语重形合，汉语重意合，西方人重理性和逻辑思维，汉民族重悟性和辩证思维。所以，在日常语法教学中，适时恰当地引入目的语文化元素，将中西文化差异进行对比，既能使学生获得目的语的文化知识，又能使枯燥无味的语法学习变得鲜活有趣，从而提高学生的学习兴趣。

2. 大学英语篇章教学中的跨文化教育

外语教师在篇章教学过程中，要坚持介绍文章作者生平，故事或事件文化历史背景及其他相关文化科学知识，解释因文化差异而产生理解困难的句子。这些对拓宽学生的文化视野，感受文化差异，消除阅读障碍有很大帮助。高等教育出版的《实用英语》（Practical English）教材提供了大量不同体裁和题材的文章，同时传载着丰富的文化信息，我们必须加以充分利用。如第一册中Table Manners and Customs一文，重点放在提高跨文化知识的理解能力方面，与课文新的语言知识学习和巩固性练习安排在不同学时。这种安排有益于课堂教学中语言、文化氛围的形成，使学生感受到语言文化的双重熏陶。

另外，一些课文本来就是有关西方文化的内容，如第二册What is Culture课文本身就是一种跨文化知识的传授，教师在教学过程中应适当联系、补充一些与课文相关的知识，甚至可以与母语文化中相关内容进行比较，使学生对同一个主题文化有更全面、更系统的认识。如：课文涉及食品与健康，就自然联想到外国快餐进军到中国和中西餐桌礼仪与文化；讲美国就会提到美洲大陆、移民、CHINATOWN、海归派、种族歧视等。除课本外，教师应选择体现中西文化共性和差异的英文文章，作为学生的课外补充材料，使学生更加了解西方的风土人情和价值取向。

（三）大学英语翻译和写作教学中的跨文化教育

1. 大学英语翻译教学中的跨文化教育

被看作是两种语言转换过程的翻译活动绝不仅仅是从一种语言到另一种语言的传递，也不可能是字、词、句之间的机械转换，它是两种文化之间的跨文化交流活动。因此，不了解文化之间的差异无疑会在翻译过程中产生很大障碍。学生在翻译中常出现的最严重的错误往往不是因为表达不当造成的，而是源于文化差异所造成的障碍。因此，笔者主张在大学英语翻译教学中，加强中西方文化背景知识的传授。

（1）地域和历史方面的文化差异对翻译的影响

所谓地域文化就是指由所处地域、自然条件和地理环境所形成的文化现象，其表现就是不同民族对同一种现象或事物表达形式采用不同的言语。例如：汉语中人们常用“雨后春笋”来形容新事物的迅速涌现或蓬勃发展，但是英语中却用spring up like mushrooms（蘑菇），汉语中的“多如牛毛”表示事物之多，而英语中则用plentiful as blackberries（草莓）。中国在地理环境上属于半封闭的大河大陆型，自古以来，人们生活和生产活动主要是依附在土地上。因此，汉语词汇和习语有许多都与“土”有关，如“土生土长（locally born and bred）、土洋并举（to use both indigenous and foreign method）、土特产（local product）”等。但在英译时它们都失去了“土地”一词的字面意思。倘若将“土”字都不留余地地译出，就会让西方人感到莫名其妙。

相反，英国是个岛国，四面环海，英语中与海洋渔业有关的表达俯拾皆是，但翻译成汉语时却采用另外的表达法。如英语“All at sea”（字面意思为“在海上”），汉语郝翻译为“茫然不知所措”；英语“A small leak will sink a great ship”（字面意思为“小漏沉大船”），汉语却翻译为“蝼蚁之穴能溃千里”；英语“sink or swim"（字面意思为“是浮还是沉”），汉语却翻译为“孤注一掷”。英语“Spend money like water”（字面意思为“花钱如水”），汉语却翻译为“挥金如土”。一定的语言表达跟特定的历史文化也是分不开的，在两种语言之间进行翻译时，会经常遇到由于历史文化差异而出现的翻译难题。例如，英语“waterloo（滑铁卢）”是比利时的一个地名，拿破仑于1815年在那里惨败，整个战局为之一变。因此，“to meet one's waterloo”在进行翻译时应该包含“遭到决定性失败”之意。

又如：“三个臭皮匠，顶个诸葛亮”，诸葛亮是中国历史上的著名人物，在中国家喻户晓，是人们心目中智慧的象征。但西方读者未必知道他是何人，与“臭皮匠”有何联系，若采用直译很难传递句子所蕴含的丰富历史文化信息。在此只有采用直译加增译相结合的方法，才能使原语言的信息得以充分再现，故可译为：“Three cobblers with their wits combined equal Chukeh Liang—the master mind.”

（2）宗教信仰的差异对翻译的影响

宗教文化是人类文化的一个重要组成部分，它指的是由民族的宗教意识、宗教信仰所形成的文化，表现在不同的民族在崇尚、禁忌等方面的文化差异。对于中西宗教文化方面存在的差异，在翻译时应予注意。

中国文化博大精深，源远流长。儒、道、佛是中国的三大宗教，在我国的传统文化中，有道教的“玉帝”、佛教的“阎王”、还有神话中的“龙王”。其中以第4章大学英语教学中跨文化教育的内容和实施途径佛教对我国的文化影响最大，不少成语就和佛教相关。例如：苦中作乐、五体投地、现身说法、天花乱坠等。

如果译者不了解宗教文化背景，势必会给翻译带来困难。欧美人信基督教的居多，认为上帝（God）可创造一切，因而有God helps those who help themselves.（自助者天助）的说法。比如三个和尚的典故留下了一个家喻户晓的谚语："一个和尚挑水吃，两个和尚抬水吃，三个和尚没水吃。"要把这个谚语神形并茂地译成英语并不是那么容易。

主要问题在于信仰基督教的英语国家对"和尚"这个概念比较陌生，而有关和尚的这个典故更是鲜为人知。因此，译成英语时形意很难兼顾。如果只重传意，可采用套译法，即套用英语中现成的成语："One boy is a boy；two boys are half a boy；three boys are no boy."再看英语句子"He can be relied on.He eats no fish."英语短语"to eat no fish"出自一个宗教典故，指的是英国伊丽莎白女王时代，耶稣教徒为了表示对政府的忠诚，拒绝遵守反政府的罗马天主教徒在星期五只吃鱼的习俗。因此，"to eat no fish"（不吃鱼）是表示"忠诚"的意思。故本句可译为："他非常忠诚，值得信赖。"

（3）思维方式和价值观的差异对翻译的影响

思维方式的差异本质上是文化差异的表现，长久生活在不同区域的人具有不同的文化特征，因而也形成了不同的思维方式。英语民族的思维是个体的、独特的，而中国人注重整体、综合、概括思维。表现在语言上，英语偏好用词具体细腻，而汉语用词概括模糊。例如"说"一词，英语有"say，speak，tell"等，这些词可以表达不同情况下"说"的意思。这样使语言简洁准确，又富于变化，形象生动。而汉语往往趋向于泛指，在"说"前加副词修饰语，如，语无伦次地说，低声地说，嘟嘟囔囔地说。如东方人偏重人文，注重伦理道德，西方人偏重自然，注重科学技术；东方人重悟性、直觉、求同、求稳、重和谐，西方人则重理性、逻辑、求异、求变、重竞争等。不同的思维方式决定了各个民族按照各自不同的方式创造不同的文化，而这种不同必然要通过文化的载体——语言得以表达。这种思维方式的差异常导致翻译中一些词语的引申义不同，因此，我们要谨防翻译陷阱。

价值观指人的意识形态、伦理道德、宗教信仰以及风俗人情等为人处世准则的观念，一般认为是特定文化和生活方式的核心，表现在两种语言中，会对语言理解和翻译造成很多障碍，足以引起翻译工作者的重视。中国人认为个人是“沧海一粟”微不足道，推崇社团和集体价值，强调社会群体的统一和认同，是一种社团价值至上的价值取向。而西方文化则是个人价值至上，它推崇个人主义，强调个人的存在价值，崇拜个人奋斗。例如：英语谚语中说“God helps those who help themselves”（天助自助者），“self is our centre”（我是我们的核心），“life is a battle”（生活就是战斗），这些英语谚语都在告诫人们：只有靠自己奋斗，才能获得成功和安全感。

这些都表明西方人的个人主义价值观。中国人常说“四海之内皆兄弟”“在家靠父母，出门靠朋友”“仁义值千金”“大树底下好乘凉”等，这都说明中国人常把自己和所谓自家人视为一体并希望能够在自身以外找到安全之所。中国传统文化里最重要的价值观念是“忠”和“孝”。人际交往很注意自我与谈话对象的关系。中国文化又被称为“我们文化”“集体主义文化”。将英语中的“individualism”与汉语中的“个人主义”相提并论，价值观的差异尤为明显。在西方，该词指的是“独立自主”的个人品质，人们把自己看成是单独的个体，凡事都从个人利益出发，以个人为中心，体现个人价值。他们相信天道酬勤（God help those who help themselves），主张独立自强，喜欢个人竞争，强调平等和权利。而中国的传统文化，由于受儒家和道教思想的影响，强调群体意识，个人的利益服从集体的利益，备个成员之间互帮互助，彼此合作。因此，汉文化的“个人主义”是与“集体主义”相对的贬义词。它是指一切从个人出发，把个人利益放在集体利益之上，只顾自己，不顾他人的错误思想。

2. 大学英语写作教学中的跨文化教育

英汉两种语言的篇章结构与其思维模式相关，有什么样的思维模式就有什么样的语篇组织结构。西方文化注重线性的因果式思维，而中国文化偏重直觉和整体式思维。这就导致语篇结构方面的巨大差异。英语句子组织严密，层次井然有序，其句法功能一望便知。比如，If winter comes，can spring be far behind? 一见到连词if两句间逻辑关系便了然于胸。而汉语句子成分之间没有英语那么多的黏合剂，较少地使用连接手段，句子看上去显得松散，句子间的逻辑联系从外表不易看出。汉语思维模式呈螺旋型，其思维习惯在书面语言上的表现形式是迂回曲折，不直接切入主题，而是在主题外围“兜圈子”或“旁敲侧击”，最后进入主题。“文若看山不喜平”是典型的汉语修辞模式，也成为衡量文采的标准。英语篇章的组织和发展是“直线式”（linear），通常先开门见山、直抒己见，以主题句开始，直截了当地陈述主题，然后用事实说明，即先有主题句，盾接自然衔接的例证句。英美人的思维方式决定了英语写作中出现主题句的必然。

例如：

Soccer is a difficult sport.

（1）A player must be able to run steadily without rest.

（2）Sometimes a player must hit the ball with his head.

（3）He must be willing to bang into and be banged into by others.

（4）He must bear with aching feet and sore muscles.

这段话的第一句就是主题句，是段落的中心，（1）（2）（3）（4）句是用来说明，支撑主题句的。而在汉语中，我们习惯于先分后总，先说原因后说结果，即所谓的“前因后果”，如果要表达同样的意思，我们会这样说：足球运动员必须能不断地奔跑，有时得用头顶球，撞击别人或被别人撞，必须忍受双脚和全身肌肉的疼痛，所以说，足球运动是一项难度较大的运动。这样通过对比，使学生了解中西的写作思维模式差异，学会用英语思维，写出较地道的英语文章。

第五章 大学生跨文化交际能力的培养

第一节 文化边缘人

中国的大学生，学习英语十余年，经历中考，高考，四、六级考试，有的还参加托福、雅思、美国研究生入学考试等测试，结果许多人学的还是“哑巴英语”，很难与母语为英语的人士进行有效沟通。这中间有学生只关注考试成绩，忽视实际应用交际能力等原因，但实际上，是因为中国大学生在十多年的学习中游离徘徊在目的语文化的边缘。在面对自己的母语文化时，又因为在大学英语中未接触母语文化及其英语的表述方式，加上本身与母语文化传统的疏离，很难用英语表述自己的母语文化，尤其是母语文化中的深层次内涵。因此，从跨文化交际的意义上，大学生也处于母语文化的边缘。

一、边缘人的概念

罗伯特·帕克在1928年《美国社会科学》发表《人类迁移和边缘人》一文，提出了“边缘人”的概念。指的是生活在两种不同的人群中，并亲密分享其文化生活和传统，即使被允许，也从来不愿与过去和传统决裂；又因为种族偏见，在新社会中寻求找到位置却不被接纳，是处在两种文化和两个社会边缘的人，从没有完全渗透和融合。帕克首先提出“边缘人”，或“文化的混血儿”，认为当中世纪的犹太人聚居区的围墙被拆毁后，就出现了一种新的人格类型即文化的混血儿，他们生活在两种截然不同的人群中，并亲密分享两种文化生活，不愿与过去决裂，也不被外面的世界所接受。帕克指出：同样的一些精神上的一分为二感和冲突很可能是每一个移民在转变期间的特征，而我们所有人都经历转变和冲突的时期，边缘人的危机时期趋向永久，在边缘人的身上我们能够最好地研究文明和进步的过程，因为文化变化和融合正在此发生。

在文化转变和冲突的地方产生边缘人，最典型的是当种族和国族进入这一情景之处，边缘性在极大程度上是种族的和文化的混血儿的特征，矛盾、低人一等、过于敏感、补偿反应是这些混血儿的特征。生活在，或者与两种或两种以上的社会有紧密联系的个体，在他们中间存在着足够的不兼容，使得他很难或不可能适应，他并不属于任何一个群体，也对任何一个群体没有归属感。当一个人发现自己处于两个种族和文化群体的边界线时，感觉像是被两者都拒绝和鄙视。个体通过移民、教育、婚姻或者其他一些影响，离开一个社会群体或文化而没能满意地适应另一种，就会发现自己处在边缘，不属于两者中的任何一个，他就是“边缘人”。

可以说，边缘人生活在两种不同的人群中，并亲密地分享他们的文化生活和传统，他们不愿和过去以及传统决裂，但由于种族的偏见，又不被他所融入的新的社会完全接受。边缘人是一个人生活在两个不同的世界——对两个世界来说都是陌生人，同时他又是一个文化的混血儿，处在两种文化边缘，他站在两种文化、两种社会的边缘，这两种文化从未完全互相渗入或紧密交融。

边缘人是一种状态，而不是简单地给一个群体贴上标签。个体所经历的两种完全不同的文化冲突，他对接受哪种文化价值难以抉择，其矛盾在于处在两种不同文化的冲突中，无法坚持原文化的真理又不能真正完全融人新文化中，造成游离于两种文化之间的状态。

二、边缘人的源起

罗伯特，帕克边缘人概念的提出，受到德国哲学家乔治，齐美尔（ ）的影响，本身就是犹太人的齐美尔从自己的社会和文化体验出发，在他的《社会学》一书中，用深刻的观察和理解描述了“陌生人”。齐美尔提出“陌生人”的概念，指的是某一个体虽是一个体系的一员，但并没有强烈地归属于这一体系。陌生人并没有完全融入他所属的那个社会文化中，他与其他社会成员间存在着一定的距离。而其他人往往用怀疑的眼光看待陌生人，因为对他们来说，陌生人的行为是不确定的、无法预测的、怪异的。如果怀疑无法消除，他们就会对陌生人产生恐惧，继而引起仇视甚至非理性的排外行为。齐美尔的“陌生人”定义的实质是陌生人并没有被这一体系的其他成员完全接受，陌生人在很多重要的方面并不像体系中的其他人。陌生人的概念影响了帕克，他提出了边缘人的概念。一个个体生活在两个不同的世界他在两个世界中都是陌生人，他对两种文化来说都是陌生人。

当中世纪犹太人聚居区的围墙被拆掉，犹太人被允许参与生活在他周围人的文化生活时，他处于两种文化和两种社会的边缘，两者从未完全渗透和融合。被解放的犹太人过去和现在都是具历史意义的和典型的边缘人，第一个世界公民，他是最杰出的“陌生人”。他生活在两个世界，但他从不真正属于其中任何一个，他的头脑被分开了，他的双手是麻木的，因为他的灵魂在骚动中。这样的类似道德二分法和冲突是几乎每一个移民在转型期中的特点。旧的习惯被抛弃掉而新的习惯又尚未形成，这不可避免是一段内心混乱和自我意识强烈的时期。边缘人生活在两个世界，在两个世界中他都几乎是个陌生人。陌生人的特点一同样的精神不稳定、强烈的自我意识、不安和焦虑。

帕克研究的对象是移民，是在美国、父母为欧洲移民的第一代小孩。这些移民小孩典型的表现是抵制父母的欧洲文化和语言，但也不认为自己是真正的北美人。帕克也指出，可以在各种不同的地域和环境中找到边缘人。欧亚混血人、西班牙土著混血人、黑白混血人、犹太人、犹太人和非犹婚姻的孩子，一个群体处于两种以上的主流群体之间，以及处于从一个传统进入现代社会过程中的个体，都是帕克的边缘人的例子。帕克一般将边缘化等同于边缘人。

边缘人可能是生物上的混血儿，或者他可能只是因为历史事故处于他的位置。这一群体可能和两个群体都有联系（文化的、社会的或心理的），但仍然作为一个分隔的实体存在，不能或不愿同化进其中任何一个主要群体，边缘人并不局限于生理上的混血儿，而是可以在任何处于两个或以上主流群体之间位置的群体中找到。需要指出的是，边缘人可能是一个种族的（和文化的）混血儿，例如他可能是一个有着混合种族血统的个人，或者他可能在种族方面单纯（相对来说），但却是两种文化的参与者。在任意一种情况下他都是一个边缘个体，他们具有一些不安全、矛盾、过于自我敏感以及长期的神经紧张特点的感情和态度。

帕克指出移民与它所引起的人类和文化的冲突、碰撞和融合，被认为是历史的决定性力量。文化的每一个进展，都被认为是开始了新的人类移民和运动时期。移民的结果之一是创造了一个情境，其中同一个体——可能是或可能不是混血儿——发现他自己努力奋斗在两种不同的文化群体中生存，这种结果是产生了边缘人。因此，在边缘人的头脑中，文明的进程正在显而易见地进行着，正是在边缘人的头脑中能最好地研究文明的进程。移民的影响当然并不仅仅局限于他们对现存文化带来的改变，长远来看，他们决定了历史意义上人类的种族特点。人种学的学说表明种族混血的人是规则而不是例外。每一民族都差不多是一个成功的熔炉，种族的变化，接下来不可避免的是文化的变化。人类的运动和混合接下来引起习俗和习惯快速的、突然的，而且常常是灾难性的变化。随着时间的流逝，人类杂交繁殖，在性格和体格方面引起相应的改变。从来没有这样的例子，即住在一起、在共同经济压力下有紧密接触的种族，在种族相邻的状况下而没有出现种族混血儿的。

随着世界经济的发展和人类的互相渗透，现代移民一般是出于私人考量，是有不同动机的个体，他们几乎都没有组织。人们是为了寻求更好的生活环境而改变地域。与一种新的侵入性的文化交流和碰撞的结果就是传统的社会结构被打破，使个体的人得到解放，以前被习俗和传统控制的能量被释放出来，个体能够自由地进行新的探险，但他几乎没有方向并缺乏控制。个体被释放后进入新的社会次序，同时改变的是个体的性格，他们并不仅仅是被解放了，而且是被启蒙了。解放的个体在某种意义和某种程度上成为了世界人，他学习用一个陌生人的超然客观的态度去看待他土生土长的世界。陌生人只停留但并不定居。他并不像其他人那样被当地的规范和传统所束缚，他在实际上和理论上都是一个自由人，他更少带着偏见去看待和他人的关系，他对待他们用更普遍、更客观的标准，他的行为不被习俗或先例所限制。移民和流动性的影响使以前受宗教影响的关系世俗化，这一过程是使社会的世俗化和人的个性化。

从希腊到欧洲，再到美国，人类的运动和移民，贸易和商业的扩展，国际大都市、大型的种族和文化熔炉在现代的增加，都弱化了地方的束缚，摧毁了部族和民间的文化。以城市的自由取代了地方的忠诚，以我们所称的文明、理性的组织，取代了神圣的部族习俗秩序。正是在城市中，古老的宗族和亲属关系群体瓦解了，代之以建立在理性、兴趣和性格偏好上的社会组织。正是在城市中，劳动的分工受到影响，允许并几乎迫使个体集中他的能量和才能，置于最适合他操作的某一特定工作中。在这一方面解放了他和他的同伴，使他们脱离了自然和环境的控制。但是文化的适应和同化的过程却并不是同样的容易和快速，特别是人们来自不同的文化和不同的种族，同化和合并不像其他方面一样发生得那么快。在这种状况下，不同种族的人们在共生的关系中肩并肩地生存，在共同的经济中起着各自的作用，但还没有大规模的杂交繁殖。从长远来看，各个种族的人民生活在一起，分享着同一经济，不可避免地混血繁殖。以前仅仅是合作和经济的关系发展成社会的和文化的关系。当移民变成经济的或政治上的征服者，同化就不可避免了。征服者将他们的文化和标准强加于被征服者身上，随后就是文化浸透。

经济体系的扩展是如此之快，超越了文化的其他方面。现在很多个体成长在一个更加复杂和更不和谐的文化环境中，他们不知不觉地进入了两种或者更多的历史传统、语言、政治忠诚、道德规范以及宗教中。移民使得个体和文化迁移，使几乎每一个大陆和城市都成为种族和民族的熔炉。在这样一个环境中成长的个体，可能会发现自己面临也许是想不到的这个熔炉所特有的问题、冲突以及决策。

边缘类型可以在自身没有移民的人身上表现出来，他们顺从了从外面蜂拥而来的文化。现代历史上西方人的扩张是造成这一状况的主要因素。除去种族混血、还有未混合的文化混血，传教士一直在助力于产生这一类个体：皈依者不再服从他的民族群体，但又不能被白种人群体完全接受。殖民地官员发现与西方化的土著人——“欧化非洲人”很难沟通。这样的说法也适用于那些混血的或非混血的西方化个体的后代。很明显，种族混血的事实并不是至关重要的。现代民族主义运动能够被最好地理解为对这种文化混血化的反应。移民只是产生边缘人的方式之一。教育、婚姻等都可能产生边缘性。当一个个体不得不学习两种或者更多的历史、文化、政治、宗教传统和伦理规则时，他的边缘人状态就产生了。

边缘人并不仅仅局限于混血儿或者移民。边缘人也产生于两种或多种文化的背景，这种背景可以分为包括种族（生理）差异在内的文化差异和纯粹的文化差异。随着全球化的扩展，互联网、现代交通和通信技术的进步，边缘人更多的是指文化的混血儿，即文化边缘人。

三、边缘人的特点

边缘人处在两种文化交接处，他们生活在两种不同的文化中，是现代社会和多元文化冲突的产物。文化差异使个体面临选择，在选择的同时产生了边缘人。在有记载的人类历史上，可以看到很多生活在一种或两种以上主流群体外围位置的人的例子。这些边缘群体在一个或更多主流群体已存在的社会结构中的位置，通常表现出一定程度的不确定，这种不确定经常通过一系列公开的和隐秘的方式表达出来。

边缘人集跨时代、跨民族的特点于一身。因为处于两种不同的文化的狭缝之中，边缘人在行动上受到双重规范的约束，情感上常出现所谓“既恨又爱”的矛盾心理。边缘人面临来自两边的牵引和压力，他意识到冲突的状况，不论温和的或尖锐的，意味着从任意一个群体的立场看他自己，他都会经历作为个人问题的冲突。于是他的抱负与他自重的情感相反，他希望能被优势群体所认可，但他又憎恨它的傲慢。对一个种族的优越感与对另一种族的自卑感反相平衡，骄傲和羞愧、爱与恨以及其他一些相反的情感，不稳定地混合在他的性格中。两种文化产生一种双重认同模式和分开的忠诚，以及保持自重的努力，将这些情感转换成一种矛盾的态度。对边缘人来说，他仿佛被同时置于两面镜子之间，每一面代表了一个他自己的不同形象。形象的冲突非但不能帮助，反而使个体有一点意识到两面镜子，以及意识到两种相互冲突的形象的过程。

边缘化在有着一定程度垂直或纵向流动的多元世界里，是产生问题的一个重要源泉。边缘化的关键部分是两种文化模式的冲突。体现文化的两种社会结构肯定是有冲突的。一个人很难完全和谐地融入两种文化，在两种社团中都能完全投入参与。从社会学角度看边缘群体，他们面对的是冲突和矛盾。帕克的“边缘人”是由两个种族或者两种文化组合成的混合体，他渴望进入新的群体里并成为其中的一员，然而他往往遭遇到这个新群体的排斥。帕克的“边缘人”会因迁移而产生焦虑不安、分裂的特点。边缘人在两种（或更多）社会之间处于心里不稳定平衡的状态，反映了他的心灵中这两个世界的纷争、和谐、厌恶和吸引，其中一个常常是超越另一个的“主体”。个人的成员身份含蓄地建立在祖先或者出生种族或民族那里，而排外会将个体从一个群体关系体系中移出。边缘人是两个种族或文化相遇的产物，是一个与两者相联系，但并不完全属于其中任何一个的人。他发展出不同自身特点来表明他的不适应，因为他处于中间的状态。边缘人的典型生活圈发展出的建立在个体对自己所处的社会地位意识上的复杂特征，这些特征包括：矛盾、过于害羞、烦躁、易怒、情绪多变、缺乏自信等。在感情和态度上具有无安全感、矛盾、过于自我意识、长期神经紧张。边缘人处在不确定的状态。

从实际的观点看，研究边缘人显然十分重要。从理论科学的角度来看，边缘人的人生历史提供了一种从精神和客观的角度研究文化过程的方法。

四、边缘人所处的文化状况

边缘人处在两种文化之间，而这两种文化具有以下一些特点：两种文化（或亚文化）保持持久的交流；

其中一种文化在力量和潜在的回报方面处于主导地位，这是两种文化中的非边缘文化，它的成员并不特别地受到边缘文化的影响或吸引；

两者之间的边界是具有足够渗透性、边缘文化的成员能够内化主要文化和他们自己的文化的模式；

这些模式在整体上是很难协调一致的；

获取了非边缘文化的目标后，边缘群体的成员就被主要文化提供的巨大回报所驱使；

两者之间的障碍趋于被一边的歧视和另一边的反对"背叛"的压力加强；

当冲突持续一代人以上时，边缘状态就被激化。

对边缘人的研究区别于以下三种研究：（1）在两种相对独立的社会之间的文化不融合；（2）相互交流的群体之间的关系具有相对不可渗透的边界，例如传统帝国主义的状况；（3）个体或裂片化了的群体相对快速的同化，从一种文化移入另一种友好并愿意接纳的文化中的移民，例如美国历史上的早期移民。边缘人的状态也区别于疏离和杂乱、无目标。经常有人说我们这个社会的特点就是疏离和杂乱、无目标，没有人真正有归属感，这有别于边缘人。边缘人的状态是一个个体与两个部分不兼容的社会都有联系，但又不完全属于其中任何一个文化。一个人能够是没有目标的但并不是边缘人，是边缘人但并不是没有目标的。也有一种意见认为，现代社会只是复杂的亚文化综合体。鉴于我们每个人都属于一个阶级、族群、宗教，也可能是其他亚文化的一员，而这些界限几乎是不一致的。

实际上，自边缘人的概念提出后，各类型、阶层的人都对其附加上自己的理解，使边缘人的特征不易捉摸。边缘人的外延不断扩大。边缘人被用来形容不同身份的人。边缘人的概念面临泛化，泛指在种族、文化、性取向、习惯、心理等方面异于核心群体的各色人等。所以，从这个意义上说，我们都是边缘人。但是，只有在相关联的亚文化的价值观和模式之间存在冲突，而且很难同时获得两者的归属感，多重亚文化成员身份才能被视为边缘人。在这一程度上，边缘人就不能被视为仅仅限于移民群体和他们的孩子的一种现象。

五、文化边缘人

边缘人处在两种文化交接处，是现代社会、文化转型、多元文化冲突的产物。人类学和社会学所指的“边缘人”，生活在两个完全不同并且经常相互冲突的文化中。在文化转变和文化冲突的时期和场合，必然会出现边缘人。中国近百年的现代化进程是伴随着中西文化的冲突进行的，所以每一个现代中国的知识分子，当他接触、学习、接受西方文化时，就多多少少具有边缘人的特征。边缘人在形成过程中，面临着二元或多元文化交汇时的文化认同问题。文化差异使个体面临文化选择，选择的同时产生边缘人。在文化冲突与文化转型的场合会出现边缘人，而大学生在外语学习的过程中，更是面临着文化冲突与文化选择。

当今全球化的进程，其实就是西方现代性在全球的扩散过程。经济全球化导致的一个直接后果，就是文化上的全球化或趋同化现象。它使得西方的（主要是美国的）文化和价值观念渗透到其他国家，在文化上出现趋同的现象，它模糊了原有的民族文化的身份和特征，使其受到严峻的挑战。全球化时代是由现代性催生的崭新时代，它不仅体现在国际金融或跨国公司的出现，还体现在文化体验及思维方式的拓展与重塑。全球化打破了原有的空间观念，导致了社会关系、人物身份的交叉与错位。网络文化也打破了传统的文化传播方式，使中心与边缘、中心与非中心的关系充满悖论，使身份变得模糊而复杂。伴随着现代通信、交通技术以及互联网的发展，现代性使我们每个人都成为本国国土上的"移民"。①因此，当代的边缘人处于不同文化的夹缝之中，是两个种族或者两种以上文化组合成的混合体，是文化边缘人。

文化边缘人所体验的不是移民进入城市时的角色、位置、观念、心态方面的陌生感，而是从语言、行为、思维方式到价值观的全方位的深层次陌生感。现代社会的开放和一体化，使中西方的交流和沟通成为必然。改革开放之后，中国和其他国家在物质、制度、理念方面的交流和碰撞，强化了文化边缘人的二元或多元文化结构，以及心理或精神上的一分为二，与文化认同上的两难抉择。在社会转型过程中，两种或两种以上文化的交流和渗透是极为常见的现象。在文化的交流和选择中，文化的边缘人可以说是文化的精神早产儿，既依恋母语文化又对异文化充满好奇和兴趣。知识分子往往最早感知双重或多重文化的挑战，是最先形成边缘人的群体。

文化边缘人在形成过程中，依赖一定的社会组织和文化结构。文化边缘人的社会文化背景就是二元或多元文化交汇的外语学习和跨文化交际的过程。全球化时代伴随着世界经济一体化的各个国家之间经济、文化、政治交流的发展，生活于其间的大学生作为文化个体受到不同文化的冲击。大学生作为文化的边缘人，感受着外来文化的挑战。在中国社会转型期，大学生身受双重或多重文化影响，会感受到自己的母语文化体系受到挑战，母语的价值观不再是唯一的权威。与不同文化的沟通缺乏共通的语义体系，这使大学生文化群体感到失落。这也构成文化边缘人的文化背景与心理状态。接受高等教育的大学生，在学习外语的过程中，是较早接触二元或多元文化的知识分子。在网络化的时代，大学生甚至是最强烈感受异文化挑战的群体。因此，从这个时代文化意义上说，大学生属于文化边缘人。

文化边缘人是指一种状态，而非单纯给一个群体贴上标签。本书借用罗伯特·帕克的“边缘人”的概念，指出大学英语教学面临的深层困境，是中国大学生处于两种文化的边缘。

只理解文化的可见部分，其实只是触摸到文化的边缘或外围，如语言文字、饮食、建筑、音乐、舞蹈、戏剧、绘画、服装等，而深层的文化内核如价值观、与语言文字有关的思维方式和信仰等，却被忽视了。

中国大学生面对所学的目的语文化，因为未能触摸到文化的内核，徘徊在他者文化的边缘，导致理解的障碍。面对西方的强势文化，需要用英语来维护自己的话语权时，对自己的传统文化却又比较生疏，处于中国传统文化的边缘，无法表述自我，从而导致沟通的困境。对他者的误读加上对自我主体文化的边缘化，使大学生在跨文化交际中，失去了交流的能力和表达自我的权利，自我的身份和内心的尊严无从确立，由此产生精神和心理上的焦虑，处于文化边缘人的状态。大学英语教学的目标本应该是促进学生的语言能力、跨文化交际能力的发展，但是，因为我国大学英语教学中存在的文化深层障碍，学生非但没能成为跨文化人，反而使学生游离在两种文化之间，处于文化边缘人的状态。

大学英语教学大纲虽然不断突出对文化的重视，但却忽视了目的语文化的核心，同时漠视了母语文化。在大学生看似风光的穿汉服、吟古诗的复古潮，或是脚穿外国名牌，耳听IPod的时尚背后，实际是被目的语文化和母语文化边缘化了。大学生学习英语十多年，在用英语与母语为英语的人士交流时，因为处于西方文化的边缘，无法触摸西方文化的核心，而导致沟通的障碍；面对西方的强势文化，需要用英语来维护自己的话语权时，又因为处于中华文化的边缘，对自己的文化有陌生感，从而导致沟通的困境。语言反映着文化，语言也表达着文化。没有文化作为灵魂，就使得在大学英语教学中培养出的大学生对自己的文化身份始终处于困惑和焦虑之中。

第二节　跨文化人的概念

许多研究者都提到跨文化人的概念，如阿德勒的“多元文化人”，泰戈尔和沃尔什的“普世人”，卢兹克的“国际人”，博尔丁提出的“人类身份”，皮尔斯提出的“世界交际者”，伯克纳提出的“中介人”等。“世界公民”（cosmopolite）由美国社会学家罗伯特·默顿提出，他对纽约附近的一些社会名流进行调查和访谈，发现这些有影响的人大致可分为两类：“当地人”和“世界公民”。前者被当地社区成员所熟知，具有强烈的“本土认同”，他们主要阅读当地出版的报纸；后者受教育程度更高，外出旅行更多，在国外生活时间更长，他们接触的是《纽约时报》和《时代》周刊这样更具有“全球视野”的媒体。这些提法有很多相似之处，如沃尔什提出的“普世人”强调尊重所有文化，有对其他文化的理解，能欣赏文化间的差异。

本书中的跨文化人的含义更接近吉姆提出的“跨文化的人”，即能用客观性和主观性意识看待两种文化；能在两种文化间行动而没有明显的冲突……认为有超越将每一种文化认同加起来的事发生，这与增效作用的概念类似，当一个人将1加上1时，你得到的是3或更多，多出的并不是特定的文化，而是独特的东西，可能是出现的新品质或新自我意识，是源于一种对价值的相对性和人性的普世方面的意识。

语言学习中涉及的六种文化现实与文化想象：学习者真实的母语文化和真实的目的语文化，学习者对母语文化的认知和他者对它的认知，学习者对目的语文化的认知和他者对它的认知，学习者只有处于第三位置，建立第三视角才能更好地理解母语文化和目的语文化，能同时以局外人的身份看待自身文化和以局内人身份看待目的语文化，避免对母语文化和目的语文化理解中的盲点。具有一定跨文化交际能力的人应该能洞察不同文化之间的关系，能从对方文化的角度解释母语文化和目的语文化，能意识到自己的视角是受文化所制约的。

跨文化人在理解异文化之前，必须首先理解母语文化，包括对自己的文化模式优、缺点的理解。文化自觉是生活在一定文化中的人，对其文化有“自知之明”，明白它的来历、形成过程、所具的特色和它发展的趋向，不带任何“文化回归”的意思，不是要“旧”，同时也不主张“全盘西化”或“全盘他化”。自知之明是为了加强对文化转型的自主能力，取得适应新环境、新时代文化选择的自主地位。文化自觉使我们在跨文化交际中能够认识母语文化和其他文化之间存在的文化上的相似和差异。

文化移情要求人们必须在某种程度上摆脱自身的母语文化的约束，从另一个不同的参照系（异文化）反观自己的母语文化。同时又能够对异文化采取一种较为超然的立场，而不是盲目地接受另一种文化或被同化。通过重新深刻、完整地认识西方文化，再重新认识我们自己的传统文化，以找到一个能够真正相互对应发展的坐标。跨文化人应善于文化“移情”，理解并包容异文化。

大学生通过学习和使用不同于母语的外语，可以获得看待世界的新窗口，新的语言有助于学生学习新的经验，重新认识已有的经验。外语教育是开启理解人类最理想的钥匙，使学生拥有更宽广的视野，偏离大众宣传、沙文主义、片面观点，比其他任何科目都更能抵制民族中心主义，是培养世界公民的重要手段。从这种意义上讲，掌握另一种语言意味着增加个人潜能，有助于培养多元、独立思维、拓宽视野和积极互动的“生产性人格”。

第三节　跨文化人的培养

跨文化人具备跨文化交际能力，随着全球化的扩展，英语成为一门全球通用语，很多学者提出跨文化交际能力，它指来自不同文化背景的人相互交际时，在对同一语境中，交际行为和交际信号的文化差异识别和文化干扰的排除能力，解决的是同一语境中不同文化之间交际规则的碰撞和冲突问题。大学英语教学的目标已经从语言能力扩展到交际能力，又扩展到跨文化交际能力，跨文化交际能力已成为英语学习者成功交际的必备能力。

在对跨文化交际能力的界定中，包括了知识、技能和态度三个层面，有学者把“文化意识”看作跨文化交际能力的重要内容，也有学者甚至认为文化意识是核心部分，是其他维度的出发点。综合来说，跨文化交际能力包括知识、技能、态度和文化意识，它不仅仅指技能和知识，还包括情感和态度，不仅包括母语文化和目的语文化的知识、技能、态度，还包括对一般性文化现象、特点以及它们之间关系的理解。

跨文化交际能力的形成是一个动态的过程，而不是静态的结果，即跨文化交际能力没有终点，个体不可能百分百完全获得跨文化交际能力，个体在跨文化交际中经历对话、冲突和沟通，通过认知、行为和情感的理解，不断面对新的挑战，解决新的问题，从中逐渐获得跨文化交际能力。

大学英语教学中培养学生的跨文化能力，应涵盖较为广泛的内容，如一般性文化知识（文化的定义、特征、内容、语言和文化的关系、文化休克现象和文化适应的策略）；特定文化知识；跨文化技能知识（文化适应的能力、文化学习的能力、比较和关联本族文化和目的语文化的能力）；跨文化态度（对不同文化的正面态度、对文化差异的文化相对主义态度、对目的语文化的正面态度、对本族文化的客观态度）。

国外研究中，跨文化交际能力强调的是对文化的深刻洞察和对不同文化的积极态度，既包括交际能力，又不局限于交际能力，是获得一种新的视野。国内学者认为跨文化交际能力是语言能力、非语言能力、跨文化理解能力和跨文化适应能力等方面所构成的综合能力，是在基本的有效交际能力之外，加上情感和关系能力、情节能力和策略能力。我国学者用“道”与“器”来形容跨文化交际能力的外在表现和内在能力的关系，强调“道”的重要性。

英国学者拜拉姆研究外语学习和文化交流如何影响学习者对目的语文化和目的语国家、人民的态度，表明虽然外语学习与形成对目的语文化的正面态度呈正比关系，但外语学习和直接的文化交流并不能自动导致文化理解。学习者只会增加一些文化信息，而不会产生态度的改变，相反还可能加深原来的定势，因为他们没有进入目的语文化去思考和理解目的语文化，而是以自己的文化观念为标准去衡量目的语文化。因此获得新的视野是形成对不同文化正面态度的前提，也是培养跨文化交际能力的必要条件，这种新视野的确立使文化学习的目标由记忆特定文化的文化事实转变为培养跨文化交际能力和文化学习的能力。目前的研究都把培养跨文化交际能力看作文化教学的目标，强调培养“文化意识”和“对不同文化的正面态度”，指出获得一种新的文化视野是文化教学目标的核心，也可以从三个方面来体现学生的跨文化交际能力：.学生应该具备理论思维能力、人际交往能力即交际能力、跨文化交际的技巧。

第四节　跨文化人的文化身份

影响第二语言学习有两个重要因素，“社会距离”和“心理距离”。其中“心理距离”指的是第二语言学习是由个体在学习第二语言的过程中如何感受决定的，包括：

①语言冲击，当个体学习者面对新单词和表达时如何反应（例如学习者学习和运用第二语言时感到压抑、慌张、不自然、困惑、窘迫）以及学习者如何应对这样的感受；

②文化冲击，当学习者发现他的解决问题和应对机制在新文化中不再起作用时就出现文化冲击。这种状况导致困惑、压力，害怕和焦虑（例如学习者担心本族人会讥讽、嘲笑、排斥他、这种精神状态会引发一种拒绝综合症从而转移二语学习的注意力和精力，学习者在试图找到导致困惑的原因时可能会拒绝他自己、目的语国家的人民，甚至他自己的文化；

③是一些人拥有的“部分和暂时放弃身份的分离”能力，这使他们成为第二语言的有效学习者（例如学习者是否有自我中心的倾向）。

影响第二语言学习的“部分和暂时放弃身份的分离”能力就是强调学习者在学习一门新语言的同时也在适应新的文化情境中的生活，即学习者在新文化背景下学习一门新语言过程中的身份建构。大学英语的学习过程也是学生明晰自我的文化身份以及文化身份的建构的过程，同时文化身份的建构对大学英语的学习也具有促进作用。走出“文化边缘人”，克服大学英语学习中的文化障碍，有必要进行文化身份的建构。

文化身份的建构离不开他者，但是在区分群内人和群外人，在对事件、人和事物进行分类时的偏见、定势和民族中心主义使我们对“他者”产生误读。文化身份的建构也离不开主体，但是主体文化的贫乏会导致对主体文化认知的边缘化。因为文化、语言、交际和身份的紧密联系，大学英语教学十分有利于大学生文化身份的建构。由于大学英语教学中对深层文化的忽视、对文化的历史与关联的忽视、以及文化的定势与偏见、民族中心主义等文化的深层障碍的影响，造成大学生文化身份的困境，使得大学生的文化身份非但未能达成跨文化人，反而使学生在目的语文化和母语文化间无所适从，处在文化边缘人的状态。

1.文化身份的概念

身份是指在特定社会、地理、文化和政治背景中一个人的自我概念，是抽象的、复杂的、多层面的、流动的、无定形的。它是一个人或群体的由他们和/或他人所定义的他们是谁的意识。身份被视为一群人所特有的东西而且相应地将群体结合在一起。它与我们是谁，我们属于哪儿，谁是群内人以及谁被排斥在外有关。身份是一个理解自我和外部世界的框架，人们通过分类进入社会群体并认同特定的角色而形成，我们从家庭、工作以及加入的群体中获得身份，例如丈夫、妻子、教师、学生等。简单地说，身份就是如何理解“我们是谁”。身份影响人的行为，我们根据不同的背景，例如我们在哪，我们和谁在一起，我们想达成什么目的来选择身份。人们可以依据性别、种族、阶级、宗教、国籍等来划分身份类别，可以有多重身份：职业身份、性别身份、年龄身份、种族身份、阶级身份、国民身份、宗教身份等。

文化身份是在特定文化的成员学习和接受传统、语言、宗教、祖先、美学、思维模式的社会建构中形成的，即人们内化了文化的信仰、价值观、准则和社会实践。文化身份是对某个有着共同符号意义系统、遵守相同行为规范的文化群体的认同，并得到这个文化群体的接受。一般来说，文化身份是某一文化群体成员对其成员身份及文化归属的认同感，包括自我认同和外部认同。文化身份表明“我是谁”，并通过群体成员的所言、所行、所思、所想表现出来。个人在成长过程中将所处环境的文化价值观纳入自己的世界观，通过父母的指导获得其文化群体的身份。影响文化身份的建构的因素有外貌、种族特点、肤色、语言使用、教育、大众传媒、同龄人、制度政策和自我评价等。具有一种文化身份的人也应该能自如地使用该群体所共有的符号意义系统，并遵守群体的行为规范。从宏观角度看，文化身份包括国民身份和种族身份。从微观角度看，它包括在主流文化群体下根据不同地域、职业、性别、年龄、收入和教育划分的不同的文化身份。按照这种定义，文化身份表征了共同的历史经验和共有的文化形态，它可以为一个民族提供稳定、连续的意义框架。

文化身份的发展经历三个阶段：未察知的文化身份、文化身份追寻、文化身份的获得。在未察知的文化身份阶段，一个人视文化身份为想当然，没有探寻文化问题的兴趣。文化身份追寻阶段是为了更多地学习自己的文化和理解文化成员而探寻和质疑一个人的文化的过程。通过探寻文化，个体能学习其文化的优势，并接受其文化和自己。这一阶段社会和政治意识增加，同时有更强烈的欲望去学习自己的文化，这一阶段还有不同程度的情感成分，包括有紧张、气愤、甚至针对其他群体的暴力行为。文化身份获得阶段标志着清楚地、自信地接受自我和对文化身份的内化，并能面对定势和偏见，不会将他人的负面感受内化并清楚其文化的意义。

因为文化身份影响广泛并且与自我概念的不同侧面相联系，对很多人来说，生活在另一个文化中或者与来自不同文化的人互动，会触发他们对自己文化身份的意识，而在此之前也许他们并未意识到自己的文化身份。文化身份也是动态的，文化身份——你对自己所属的文化的感觉和根据这个文化的成员资格定义你是谁——存在于不断变化的社会背景中。因此文化身份不是固定的、持久的，而是动态的，随不断前进的生活经历而变化，随着时间的流逝，能适应不同的跨文化挑战，文化身份就可能会变得与以前很不一样。很多人以为一个人只能或者只应该归属一个文化群体，但很多人的身份并不只属于一种单一的、固定的类别，而是结合了其他身份。在这样一个不断多元文化的世界，来自不同文化的人们共存，文化身份的多面性特点变得更为重要。我们可以是很多群体的成员，例如说同一种语言、同一座城市的市民、某一政治组织的成员等。我们是谁，我们如何与他者不同并显现出来，这些都有赖于我们和谁在一起，文化身份对于我们和他者，交谈的话题以及我们的阐释都很重要。文化身份影响跨文化交际，因为交际的困难程度在一定程度上取决于交际双方的文化身份，如果双方的符号意义系统和行为规范差异很大，交际难度就很大。反之，如果双方的符号意义系统和行为规范比较接近，则交际难度就很低。

2.文化身份与跨文化交际

文化身份对跨文化交际的意义在于，来自不同种族和文化背景的人进行交际时，他们的文化差异以及历史、经济的差距容易导致定势、偏见、民族中心主义这些影响跨文化交际的严重问题。当来自不同文化的人进行交际时，由于一个人的文化身份会影响人与人之间的关系和对个体行为的期望，如果一个人按照一种方式理解自己，而对方按照另一种方式去理解他，就会产生交际问题。因为大多数人都倾向于认为他者用与自己一样的方式观察、评估以及分析世界，也就是说，人们都假定与自己交际的他者同自己相似，实际上人们常常用他们自己个人的经验去理解和评估他者，这容易导致民族中心主义。当和陌生人交际时，我们喜欢将他们的行为解释为他们的性格，然后将性格看作是其文化的典型特征，即我们喜欢按照我们的定势观念去阐释陌生人的行为。为了有效地和其他人交际，我们必须关注他们的独特个人特色，这需要我们将特定的个体从定势的分类中区分出来。我们在处理信息时简单地将一些特点归属于特定的人群，常常将一些特殊的事件、人、事物甚至一次经历假定为事件、人或事物的典型特征，这种假设常常是不正确的。这样处理导致过于简化，而将以前的经历当作决定事件属性的基础，这会导致定势。

3.文化身份的建构

伴随着西方文化的扩张，欧美民族中心主义和文化殖民主义对大学生的文化身份形成极大的挑战。面对强势的西方文化的挑战，文化身份其实一直困扰着大学生。

全球化加速了全球文化的同质化，“历史终结论”就是对文化趋同现象的一种夸大的表述，随着都市化、新移民、工作流动性、网络文化的繁荣，全球化导致了人类身份的复杂化，使身份变得模糊。跨国公司使资本运作跨越国界，对所在国家的文化也是一种冲击。中国改革开放之后随着社会结构的多元化，个人选择的多样化和国家实力的增强，同时伴随着全球化的浪潮，互联网及现代交通、通讯技术，跨国公司的扩展使中国和世界更为紧密的相连。西方的价值观、生活方式大规模地进入中国人的生活，中国大学生不得不思考自己的文化身份。今天中国在经历大国崛起之时，中国大学生更需要重新找回“我们是谁”。

我们需要“他者”才能建构自己的文化身份，回答“我们是谁”。但是在大学英语教学中，我们却对“他者”——主要指目的语文化存在着明显的误读。赛义德曾批评过东方学家对东方的误读，他认为东方学家虚构了一个“东方”，但反过来看，东方人自己也虚构了一个“西方”即东方人眼中的他者——西方，由于对目的语文化的深层结构的忽视、对文化的历史与关联的忽视、对目的语文化的定势与偏见。同时我们自己也预先虚构了一个“他者”——目的语文化，而这种预先设定的“他者”是基于我们的定势和偏见，所以这种虚构并不合理而且其中存在着误读。

文化身份的研究中，主体是重要的范畴。任何时代、任何人、群体、民族、国家都在建构着主体和主体身份。但是自近代开始，中国人就已经离自己的古老文明渐行渐远，中华民族的文化主体性早就已经动摇了，文化身份处于十分脆弱的状态。

不少学者都认为母语的重要性不仅在于培养读写能力，而且是学生发展和培养母语文化和身份的方式，但是在大学英语教学中对母语文化的忽视和漠视使目前大学英语教学中主体的建构面临重重压力，使我们对主体文化的认知处于边缘化状态，结果在大学生文化身份的建构中出现了问题。作为主体的人对自我的角色定位源于与他者的比较，发展自己，强大自我是主体的目标。因为一个弱势的主体，不但不能把握自己，而且很难与其他主体进行成功的交际，即便是被迫参与了交际也会被他者所左右。大学生文化身份的建构中需要克服全球化的挑战，正确对待他者并理解自我主体。

培养自我意识是为了能够真正理解我们自己的文化和交际的模式，从而提高跨文化交际能力。我们每一个人都是我们文化背景的产物，包括性别、种族、家庭、年龄、宗教、职业和其他的生活经历。我们的文化为我们提供了洞察力，使我们能够理解自己的信仰、态度和价值观，让我们能批判性地思考自己文化身份的不同方面并观察文化身份对我们个人发展的正面和负面影响。增强对自我文化的意识，再加上对其他不同文化的了解，有助于个人理解自己的文化身份，也能帮助一个人在任何文化背景中都能做出最适当的行为，使个体能控制自己的情绪并创造好的印象，使个体学会从一种文化背景转入另一种文化背景时如何修正自己的行为。

在大学英语教学中，培养大学生的文化自我意识即文化自觉，主要强调的是对母语和母语文化的尊重。语言是国家的灵魂，我们可以通过语言分析发现民族性。民族逐步地使其语言获得了一种独一无二的色彩和情调，而语言则把它所获得的这类特征固定了下来，并以此对该民族产生反作用。所以，我们从每一种语言都可以推知与它相关联的民族性。倘若忽略了语言与民族精神力量之间形成的联系，比较语言研究便会丧失所有重大的意义。不仅如此，对一个民族的真实本性和对一种具体语言的内在联系的认识，以及对具体语言与一般语言需求的关系的认识，也都完全取决于对整个精神特性的考察。语言的所有最为纤细的根茎生长在民族精神力量之中，民族精神对语言的影响越恰当，语言的发展也就越合乎规律，越丰富多彩。一个民族的精神特性和语言形成这两个方面的关系极为密切，不论我们从哪个方面入手，都可以从中推导出另一个方面。这是因为，智能的形式和语言的形式必须相互适合。语言仿佛是民族精神的外在表现；民族的语言即民族的精神，民族的精神即民族的语言，两者的统一程度超过了人们的任何想象。

母语和母语文化对学生的跨文化交际十分重要，因为跨文化交际本身应该是一种双向交流，文化输出和文化输入具有同等地位，没有文化输出则跨文化交际就变成了单方面的文化引进，加强大学生母语文化的英语表达，使他们学会表达自我，从而在跨文化交际中处于较为有利的地位，同时输出中华文化获得中华文化的话语权。目前英语已经是全球通用语，除去生活在英语为官方语言的国家的人口，全球有超过10亿人将英语作为第二语言或外语来使用，英语成为国际交往中具有支配地位的全球语言。全世界70%以上的科学家阅读英语，全世界85%的邮件用英语书写，全球电子文献检索系统中90%的信息用英语存储，将英语作为第二语言或外语的人数将超过以英语为母语的人。因此，在教学中我们应该重视母语文化并能将其英译，熟悉其英语表达，学会用英语介绍中华文化。在和西方世界保持接触，进行交流的过程中，把我们文化中好的东西讲清楚，使其变成世界性的东西。

母语文化在大学英语教学中至少有两方面的重要作用：

①将母语文化与目的语文化进行对比，能更加深刻地揭示出目的语文化的特征，从而加深对母语文化和目的语文化本质特征的理解；

②调整学生的民族中心主义观念，培养学生对目的语文化的积极态度，提升学生英语学习的积极性。

大学英语教学中的首要任务是提高学生的英语水平，培养学生的语言能力，但因为语言和文化密不可分的关系，学生要真正学好英语必然会要求强化对目的语文化的学习。学生要能真正深刻理解目的语文化，必须首先了解母语文化的传统及现状。中国的开放所要求的不仅是将外国文化介绍到中国，同时也要将中华文化传播到世界，这既是大学英语教育中文化教学的目的之一，这也是大学英语作为文化素质教育的组成部分应该做到的。

培养学生的自我意识即文化自觉，使学生能客观地评价中国和西方文化的异同，母语文化和目的语文化之间既不是简单的认同，也不是彻底的疏离，而是辩证的统一。文化自觉是一个艰巨的过程，首先要认识自己的文化，理解所接触到的多种文化，才有条件在这个已经在形成中的多元文化的世界里确定自己的位置。经过自主的适应，和其他文化一起，取长补短，共同建立一个有共同认可的基本秩序和一套各种文化能和平共处，各舒所长，联手发展的共处守则。学生要学会基于理解和宽容的态度对待母语文化和目的语文化，一个文化如果缺乏凝聚力，在世界多元文化状态中处于一种消极保守的状态，不及时吸取异文化的优点，最终将失去发展的机会，很可能会被同化。一种文化只有努力保持自身的凝聚力，同时吸收异文化的精华，才能使自身得以提升。对处于全球化背景下的中华文化来说，文化自觉、文化知识和跨文化交际能力能有助于大学生从不同的视角去认识、观察世界，从而更深刻地理解自我，学会融合母语文化和目的语文化中的不同思维方式和价值观念。

能够很好地理解自我文化的唯一途径是先理解另一种文化，外语学习者在学习目的语文化时会加深和强化自己的文化。大学英语的学习过程并不是抛弃母语的过程，实际上正是与异文化的接触，才更能让人意识到自己的文化，才更能让人意识到自己的文化身份。如果没有文化他者的存在，自己的母语文化传统就只是一种未经比较和反思的智慧，如果存在一个他者，也就是提供了一个参照系，在与参照系的比照中可以重新认识自我以及文化传统。因此在大学英语学习的过程中更能帮助学生意识到自己的中华文化传统，更能意识到自己的文化身份，帮助学生认识自我，理解主体。

4.文化身份的作用

文化身份对跨文化交际是十分重要的，因为语言与身份的密切关系，除去交际功能，一个人所说的语言和他作为这一语言使用者的身份是不可分割的。语言使用当中的一个简单的特点就足够识别一个人在特定群体中的成员资格，每一种文化都有其特定的历史、价值观、习俗、信仰、表达方式等，语言成为与他人共享的编码并且与文化紧密相连，语言知识是一个人文化传统的一部分。一个人作为一个文化群体成员的身份有很大一部分来自他能说这个群体的语言。没有比语言更为紧密或敏感的身份的指数了，每当一个人听到母语的声音，就好像感觉到了他自身的存在。人们如何定义自己以及看待这个世界是与他们所说的语言紧密联系在一起的。

交际与身份也是紧密相连，人们通过和同一群体的其他人交际，将自己视为一个社会组织的成员，获得共同的看待世界的方法。交际实践是构建身份的重要方式，一切交际都可以看作是将我们分为不同群体不同成员资格的交际。

语言与交际关系密切，学习语言的目的即是为了交际，语言与文化又密不可分，所以文化与交际紧密相连。文化是交际的基础，文化是无法离开人类的参与的，而只要有人类的参与就有交际。文化是一个看不见的老师，却决定了我们的交际模式，正是在我们的文化中我们学会如何交际，也正是我们的文化教会我们交际什么。交际亦影响文化的结构，交际反映并传播文化，文化告诉我们应该如何说话和行为，而这些都在我们的交际模式中得到展现。除非我们充分了解所使用语言的文化背景，否则我们不能真正获取语言中的信息。

通过学生与来自不同文化背景的人交际，不仅会发现学生的英语水平高低，更可以从中观察影响学生语言水平的文化因素，还可以通过学生与他者的交际看出学生的文化身份的建构和认同。并可以从中发现大学生文化身份建构和认同面临的挑战。大学英语教学中有必要进行大学生文化身份的建构，那么建构的关键是什么呢？是“他者”与“主体”。

我们通过与他人的联系认识自我、定义自己，通过与其他文化的对抗，人们感到自己同属于一种文化，因为必须要有“他者”，人们才能给自己定身份。任何文化都在与其他文化的联系中，或是在其他文化的对立面来定义自己，通过揭示与其他文化的差异，才使我们感到我们属于哪一种文化。身份的“主体”（自我）的独立离不开“他者”，“主体”（自我）既要得到"他者"的承认，又要在与“他者”的对抗中，满足被“他者”承认的愿望。文化身份的建构离不开“他者”，这里的“他者”是相对于“自我”的一个参照物，实际上文化之所以要进行认同，是因为有“他者”存在，担心被“他者”同化而失去自我，如果没有了“他者”，也就没有了自我确认的意义和必要性。

一个人或民族通过与“他者”的区分来确定自己的身份认同，每一种文化的发展和维持都需要一种与其相异质并且与其相竞争的另一个自我的存在。自我身份的建构一身份，不管是东方的还是西方的，法国的还是英国的，不仅显然是独特的集体经验之汇集，最终都是一种建构——牵涉到与自己相反的他者，身份的建构，而且总是牵涉到对与我们不同的特质地不断阐释和再阐释。每一个时代和社会都重新创造自己的他者。所以“他者”在文化身份建构中是一个重要的标准，文化身份的认同首先指认同文化的内部特征，即“主体”应该表现出的独特特征。从这一角度看，为了更好地认识“自我”，需要一种“非我”的标准，在与非我进行区分时，也就凸显“我”来。从这一角度看，“他者”定义了非我的特征，以证明“自我”。综上所述，文化身份是相对于“他者”的建构。

正因为身份需要通过与他人的交往来实现，在大学生所处的校园和所接受的高等教育中，最容易观察大学生文化身份的地方，就是通过大学生与他人的交往，尤其是与来自不同文化背景的人、说不同语言的人交往。

他者与自我的文化差异是不同国家、民族间文化的差别，各个国家的文化都有其独特性，各个民族的语言、传统和生活方式不尽相同。根据霍夫斯泰德关于文化异质性的理论，不同文化间存在差异性，即在价值观、思维方式、行为准则、习俗、信仰等方面的文化差异，霍夫斯泰德从权利距离、回避不确定性、个人主义与集体主义、阳性与阴性、长期与短期取向这五个维度分析了不同文化之间的差异。可以看出学生在学习外语的过程中，由一种文化背景进入另一种文化背景中时，会遇到各种完全不一样的行为和思想，由此产生文化差异并引发文化冲突，其根源在于：

①民族中心主义或种族优越感，认为自己的种族优于其他种族，认为自己的文化价值体系比其他的文化价值体系优越。如果学生持这样的观点对待目的语国家人民和文化，就容易引起误解导致无法正常交际；

②对信息的理解差异。不同国家的语言和文化背景不同，对于同一信息的理解会不一样。交际是人与人之间或群体之间传递信息的过程，但是由于人们对时间、空间、风俗习惯、价值观等认识不同，容易造成误会，甚至引起文化冲突；

③对文化意义符号系统的不同理解，不同的文化采用不同的符号表达不同的意义；有时尽管符号相同，但表达的意义却截然不同；

④民族性格、传统文化和宗教信仰的差异，传统文化是民族文化的深层积淀，它融于民族性格之中，使各民族表现出不同的个性。民族的责任，个性的差异，往往构成跨文化交际的障碍；

⑤思维模式的差异，思维模式是民族文化的具体表征，如中国人偏形象思维和综合思维，而西方人偏抽象思维（逻辑思维）和分析思维等，这些常常是造成跨文化交际障碍的原因；

⑥处理问题的行为模式的差异，行为模式是民族文化的外显形式，不同民族文化造成不同的行为模式；

⑦法律意识的差异，因为对政治、经济和法律缺乏了解，文化敏感性差，学生往往依据自身的文化分析和判断对方的信息，从而产生文化冲突；

⑧价值观念的差异，学生在外语学习中会接触不同的文化，它们的价值观并不相同，如中西方文化价值观的差异体现在个人主义与集体主义、权力

距离等方面，中国表现出集体主义，维护面子等；西方表现为自主独立，注重隐私等。

文化中判断是非的标准属正式规范，由正式规范引起的摩擦往往不易改变；文化的生活习惯和风俗等属非正式规范，由非正式规范引起的摩擦可以通过较长时间的文化交流克服；技术规范则可以通过学习技术知识而获得，是最容易改变的。因此在大学英语教学中要同时进行跨文化培训，促进大学生对不同文化的了解和认识，提高学生的文化适应能力。组织各种文化体验活动，让学生与不同文化背景的人士交流，增加学生跨文化合作机会，让学生实际体验跨文化交际，提高对文化差异的认知能力和应对文化冲突的策略能力，为培养更多的国际型人才提供平台。

跨文化培训的目的是使学生了解，并学会尊重、包容不同文化，学会消除由文化差异引起的误会，让他们能不带任何偏见地观察和发现文化差异，并理解产生文化差异的必然性，增强学生的自我文化意识即文化自觉，提高跨文化交际能力，使学生具备一定的跨文化适应能力等。可以通过文化熏陶等手段增加学生对异域文化的了解，打破学生的文化障碍，让学生与不同文化背景的人员交流。通过这种方式，可以使学生理解彼此的价值观，能够学会移情一想对方所想，体验对方的情感，理解异文化的行为习惯和思维方式，进而领悟异文化。

英国学者马丁·雅克指出，因为西方在世界占主导地位，因此西方并不真正需要去了解其他文化，而除西方之外的文化因为一直处于弱势所以被迫去学习、理解西方，马丁·雅克特别提到中国，认为中国人对西方的了解远远胜于西方对中国的了解。马丁·雅克的观点与很多中国人的观点一致，认为中国人或中国学生对西方、西方文化的了解远远超出西方人对中国、中华文化的理解。的确，因为西方在全球扩张中伴随着其政治、经济的实力，西方的强势文化也输出到其他文化中。例如中国自近代以来就面临西方文化的挑战，而现在随着全球化的扩展，西方的生活方式、思维方式、语言、意识形态等对中国人造成的影响更加不可忽视。在对华中科技大学的本科生中进行调查，学生也列举了很多方面，例如节日、服饰、食品、运动、手机、电脑、软件、网络等科技产品、交通工具、建筑包括专业课程中的理论、定律等各个方面都受到西方文化的强烈影响，学生对西方文化的了解和接受程度的确是惊人的。

但问题在于学生真的接触到了西方文化的核心吗？相对于西方文化中的新教伦理、市场经济、议会民主，学生仍然只游离在目的语文化的表面。在访谈学生时就会发现，学生一方面在面对父母的管教时，选择西方文化中的自由；而另一方面在面对西方文化中的责任感和独立性时，他们却选择让父母帮忙或干脆让父母做主。学生既没学到西方文化中的独立性，也没学到中华文化中的敬老美德，反而是强化了西方式的自由和中国式的宠爱。

理解他者，建构自己的文化身份方面，一定要深入目的语文化的核心。例如根据社会归属理论，个体一般会根据背景，即所谓的外在因素去解释他们自己的行为或群体内成员的行为，但是会用个体的性格原因，即所谓的内在因素去解释外群体中的个体的行为。我们倾向于将陌生人的行为解释为他们的性格，然后又将他们的性格看作是他们文化的典型特征，即我们会按照“那些人”像什么的定势观念去解释和理解陌生人的行为。因此在大学英语教学中一定要强调对目的语深层文化的重视，去除定势与偏见、民族中心主义、对文化的历史与关联的忽视等，达到对目的语文化的真正理解。在大学英语教学中应该在进行语言学习的同时进行目的语文化知识的教学、文化敏感性训练、跨文化交际的技巧训练等。其目的在于：减少学生可能遇到的文化冲突；促进学生对目的语文化的观念及行为习惯的理解。对学生来说，表层的语言障碍学生经过学习是较容易克服的，但文化差异所造成的深层障碍在跨文化交际中解决起来却比较难，因此应该培养学生克服民族文化中心、消除定势、对异文化采取理解的态度、包容文化多样性。

跨越跨文化交际的障碍，还要克服夜郎自大，即民族优越感的一种表现形式。不应该有狭隘的地方主义，忽视其他地区和时期的文化，应当了解塑造其他地区现在、未来以及历史上其他时期文化的力量。当然，很少人能获得如此广博的世界观，但一个人有没有受过教育的区别在于能否用广阔的视野来审视生活的经验。

我们常说中华文化源远流长、博大精深，提到孔子、老子和四大发明，实际上所举的这些都是历史的荣耀，欧洲自文艺复兴以来，文艺、科学技术等各方面都成就非凡。如今，随着我国经济的发展，仍然要用冷静的眼光来看待自己和发达国家的差距，既要继承中华文化传统，又要吸收西方文化，不仅要有文化自觉，而且要理解和学习他者，“内知国情，外知世界”或所谓“知己知彼”。文化自觉首先是对自己的文化有自知之明，即充分认识自己的历史和传统，这是一种文化延续下去的根与种子，更重要的是要按现代的认知和需要来诠释自己的历史文化，那么就要必须向现代文化和其他文化学习，在多元文化的背景下找到民族文化的自我，明确新纪元里中华文明存在的意义，它为世界的未来发展可以作出什么样的贡献。

第五节　培养跨文化人

大学英语教学目的是为了使学生能更全面地理解一种语言并能流利地使用它，能成功地和熟练地使用英语进行交际。语言是文化的一部分，同时也是定义和描述文化的媒介气因此，学习者必须了解语言的文化维度。例如学习者不能仅仅只按照词典中的单词对等意义去理解成语一还需要了解其背后的文化内涵，语言学习的过程中要注意学会理解新单词的文化涵义，即注意学会目的语的文化内涵。语言是交际的工具，但不应该将语言仅仅视为语言学的元素，语言的教与学在强化对其他文化的开放，在与他者交际中培养正面的、对异文化宽容的文化态度方面是最有效的学科。能使学习者认识到文化之间的相同点并能接受不同点，培养学习者包容他者，而不产生社交恐惧。语言教学是通过学习目的语的文学和有关文化知识来进行的，更强调理解目的语国家、社会和人民的经历和观点，理解并超越我们可能持有的对他者的定势观念。

大学英语教学对象是大学生，怎样培养学生、培养什么样的学生无疑是至关重要的问题。大学英语的教学目标除了提高学生的语言技能，还要培养学生对目的语文化和母语文化产生好奇心，帮助他们进行文化比较，丰富学生的体验，培养对文化多样性和文化差异的敏感，这种多样性7差异应得到理解和尊重，而且绝不能高估和低估。帮助学生理解人们展现出的文化制约行为的事实，理解社会变量如年龄、性别、社会阶级以及居住地等对人们言语和行为的影响，使学生意识到在目的语文化状况中的普通行为，以及目的语中单词和短语的文化内涵。培养学生评估目的语文化的能力，鼓励学生对目的语文化的好奇心和对于他者的移情。在学生学习外语和外国文化的过程中培养学生文化交融和理解的认识能力，即“移情”能力，这是一种设身处地从他人的角度看待和感知世界的能力。移情能力不仅有助于语言能力和交际能力的发展，而且对整体人的完善也有着积极的促进作用。外语学习成功者大部分都在对不同文化进行比较、评价和综合的过程中使自己变得更加丰富和完整。他们所进行的文化评价和批判并没有引起强烈冲突，反而是不同的文化因素在他们身上达到某种程度的整合。大学英语教学应该培养大学生成为思想开放，对自我、他者和世界都有深刻理解，并能够积极地与外界交流，不断发掘和实现自身的价值的现代人。

因为语言与文化的紧密联系，在大学英语教学中必须将文化与语言相结合，这不仅能帮助提高学生的语言能力；而且能使学生了解目的语文化，能与目的语文化群体进行有效的交际；更重要的是让学生了解更多的文化群体，提高跨文化交际能力，力争成为一个跨文化人，这才是外语学习和文化学习的最终目标。我国的大学英语教学的目的就是让学生能够流利地使用英语，大学英语教学中文化的教学的目的之一是为了促进语言教学目标的实现，那么培养出的学生就需要具有双语能力。双语意味着某种程度上的双文化气一个双文化的人应该能够在两个或更多文化领域内行动而没有障碍，也不会选择那些可能带有负面文化内涵的词语。所以文化学习的主要目标是帮助学生成为跨文化人，能够轻松和有效地理解和应对来自不同文化的人。

1.培养对文化差异的敏感性

文化价值观是一种比较持久的信念，可以决定个体、群体的生存形态、行为方式或准则，判断是非、美丑、爱恨，因此它很容易引起种族优越感、不同的感性认识、交际中的误解及态度等问题，从而导致文化冲突。文化冲突的出现是因为来自不同文化的人的具有不同的价值观和行为准则，个体往往根据自己文化的价值观和准则行动，而对方所持的观念可能从相反的角度解读其行为，这就造成误解和冲突。不同文化给人提供不同的思维方式一看、听、阐释世界的方式。

影响跨文化交际中相互理解的一些因素，例如认知的约束，不同群体的世界观构成框架形成了一个进行新信息比较的背景；行为的约束，不同文化都有其影响言语和非言语交际的规则，例如不一定完全相同的礼貌原则等；情感的约束，不同的文化会用不同的方式展示、表达情感，有一些文化表现为相当情绪化，而有一些文化则表现为情感内敛。与来自不同文化的人交际是很有挑战性的，文化差异会造成对自己和他人行为的期望的复杂性，误解他人的观点、行为、动机从而造成冲突。

除了培养自我意识，加强对自我主体的关注即文化自觉外，我们必须考虑培养大学生对文化差异的敏感。当我们考虑其他文化时，我们常常将它们与自己的文化相比较，因为我们对自己文化的了解胜于对“异文化”的了解，我们倾向于觉得异文化很奇怪。因为从我们出生起就学习用特定的方式进行解释和理解彼此，当遇见不同的解释体系时我们可能会感觉它不是“正确”的方式，我们倾向于保卫自己的文化并将它视为准则，而将其他的文化模式看成是错误的。这也许是人类对差异的自然反应，但却是我们需要努力克服的。不同的群体面对环境中对生存的挑战时，有不同的解决方法，在不同群体中都有人明言他们关于生命如何生存的方式是唯一正确的，而其他的方式都不正常，而这就导致冲突。因此不应该拒绝其他群体生存的方式和他们的价值观，而应力图理解来自不同文化的观点。

大学英语教学中应该注意培养学生对不同文化的包容态度，学生应该对异文化持开放的心态，即使无法接受异文化，也要设身处地将异文化中无法理解的部分置于其特定的历史和社会背景中，了解其产生和缘由，平等对待异文化与母语文化的差异，而不是对异文化嘲讽和轻视。保持自己的价值观，如判断和坚持什么是正确的或错误的，是很有必要的。对其他文化持开放态度并不意味着放弃判断力，而是放弃建立在无知之上的预先判断，开放意味着愿意通过研究其他文化来学习并发展个体自己的价值观。

在和西方世界保持接触、进行交流的过程中，把我们文化中好的东西讲清楚，使其变成世界性的东西。首先是本土化，然后是全球化。一方面要承认我们中华文化里边有好东西，进一步用现代科学的方法研究我们历史，以完成我们"文化自觉"的使命，努力创造现代的中华文化；一方面要了解和认识他人的文化，学会解决处理各种不同文化接触的问题。

对周围环境和他人敏感是有能力的跨文化交际者的标志之一，跨文化敏感是一种个体的、能理解和欣赏文化差异以提升在跨文化交际中适当和有效的行为，是培养正面情感的能力。②在大学英语教学中可以从两个方面培养大学生的跨文化敏感性：

①学习母语文化的本质以及母语文化区别于其他文化的主要特点，即“知己”；

②培养对目的语文化的理性分析能力，即“知彼”。

跨文化敏感性培养可以帮助学生在心理上和方法上做好准备应对不同文化，减轻他们面对不同文化时的不适应。可以在大学英语教学中进行培养，使学生掌握语言知识，同时使他们熟悉目的语文化中特有的、具体的表达和交流方式，如手势、礼节、习俗等进行文化教育，即以授课的方式系统介绍目的语文化的内涵与特征。同时通过文化讨论的形式，组织学生探讨目的语国家文化的精髓；适当组织各种活动，让学生与外教、留学生有更多接触和交流的机会。

根据对不同文化敏感性的五个阶段模型：

第一阶段是无意识无能力，指个体没有跨文化交际的意识，通常会无心地或无意识地得罪来自另一文化背景的人；

第二阶段是有意识无能力，指个体已经具有了跨文化交际的意识，知道这样做是错的，但却不知道如何做才是正确的；

第三阶段是有意识有能力，指个体知道怎样做是错误的，也知道了在具有其他文化背景的人们面前怎样做才是正确的；

第四阶段是无意识有能力，指个体能应付自如地与来自其他文化背景的人交际，真正做到了“双文化”或“多文化”；

第五阶段无意识超能力，则是“多文化”的表现，但是并非所有的人在任何时候都能达到这个水平。

大学英语教学中培养学生对文化差异敏感性，由于大学英语教学的课时和内容有限，能达到第三个阶段或以上即可。

跨文化敏感培训，是一种消除文化障碍的方法，通过训练可以使学生学会如何倾听并了解自己和对方的情感，加强自我意识和对不同文化的适应能力，并促使学生与来自不同文化背景的人员进行有效的交际。使大学生能够发现和学习原来自己没有注意到的文化差异，打破心中的文化障碍，增强合作意识，减少文化偏见，增加相互间的信任感，提高大学生对不同文化的鉴别和适应能力。

2.加强跨文化交际能力训练

大学生跨文化交际能力的培养就要加强跨文化培训，跨文化培训是解决跨文化冲突的有效途径，跨文化培训本身也是一种学习，当前的大学英语教学偏重于纯语言技能的训练，忽视了对大学生的跨文化培训。跨文化培训一般包括：对目的语文化和母语文化的了解、文化敏感性训练、习俗、生活方式等培训、跨文化交际及冲突解决能力的培训等。通过跨文化培训，全面系统地讲授目的语文化的价值观念、伦理道德、风俗习惯、法律制度等，提升大学生对目的语文化的认识和文化敏感性，使学生理解和尊重异文化，减少文化冲突。跨文化培训还包括培养大学生的观察能力和面对面交际的能力，使学生在模拟真实的环境中学习目的语文化。

培养跨文化交际能力还要帮助大学生树立全球文化意识，尽管普遍存在着人类文化的差异，但是具有某些共同特点的全球文化正在出现，大众传媒和现代传播方式，如网络及其衍生的微博、聊天、博客和人人交友网等正在打破地域和文化之间的界限。作为文化素质教育一部分的大学英语教育应该致力于培养面向世界的全球化人才，要使学生具备跨国性能力去适应全球市场的要求，能够共享全球资源。

为促进不同文化的人们进行交流，“约哈里之窗”的理论以促进人类的跨文化交际。“约哈里之窗”将交际双方对彼此的了解分为4种情形：自己知道、自己不知道、对方知道、对方不知道。4种情形组合成4个区域：开放区、盲目区、隐蔽区、未知区。“约哈里之窗”图解了人类交际中可能出现的状况，人们据此可以采用相应的措施提高交际质量。交际双方要提高交际质量，双方都必须扩大开放区，同时缩小盲目区、未知区和隐蔽区；交际双方还必须对自己的和对方的文化有系统的了解，要对彼此的异同有洞察；交际双方也应该对自己的文化做尽可能多的介绍和解释，使对方明晰；来自不同文化背景的交际者应该把握机会做尽可能多的直接交际，从而更深刻地理解和体验异文化。

因此，在大学英语教学中进行跨文化能力的培训，具体的做法可以有：

①文化讲解：向学生提供关目的语文化的概况知识，这是目前大学英语教学中采用比较多也是相对最为简易的方法。目的是提高大学生跨文化认知水平，内容有关目的语文化的历史、人文、社会、制度、经济、习俗、态度等方面，学生可以从中体验文化差异、了解目的语国家的价值观、理解母语文化。例如通过让有过出国经历的人展示各种国外的交通工具票据、钱币、发票、照片等，让学生与中国的同类事物对比；收集目的语国家的报纸和杂志，然后与中国的报纸头版、杂志的封面等进行对比，发现其中反映的价值观的差异；给学生一些英语的成语让他们讨论与汉语中成语、谚语的异同等。

②深度分析：教师和学生可以通过分析网络.或影像等实时材料，与学生一起进行深度探讨例如案例分析，可以提高学生观察文化差异和包容异文化的能力。还可以让学生通过角色扮演，使用英语进行各种场景模拟来强化对异文化的理解和培养自我意识，帮助学生正视文化差异，提高应变能力，学生能了解母语文化及其与目的语文化的异同，分析不同的思维方式、价值观、行为方式和准则。例如可以提供国外的庆祝仪式、体育节目、节日庆典等影视片段供学生观察；让学生自己在网上搜索找出国外最有影响的报纸、电视、网络媒体；让学生在影像资料中观察国外的约会、婚姻习俗、家庭生活、购物、度假等情境，并体会其中所表现出的价值观；给学生一些失败的跨文化交际的案例让学生讨论，是谁错了，应该如何做；给学生看国外的广告、宣传片、宣传册等，让他们找出其中的文化特色等。

③实际体验：可以让师生互动，也可以让大学生与外籍教师和留学生互动，模拟亲身体验，提高大学生对异文化的感知度，同时察觉自己母语文化中习以为常但不被异文化接受的行为，培养大学生的移情能力，能应对不同文化和及时解决文化冲突，提升跨文化交际技巧。例如让大学生采访在华的外国人，写出他们的感受；分析"实对话中，外籍人士的感叹语、如何开始交

谈、如何插话、如何深入交谈、如何结束。在与外籍人士交际中让学生体会外籍人士的非言语交际，例如眼神、手势、身体距离等。在角色扮演和实时交际中让学生观察外籍人士的面部表情，体会对方如何体现出幸福、恐惧、害怕、担忧、孤独等情感。